本著作受上海工程技术大学学术著作出版专项资助
上海工程技术大学科研启动项目研究成果

社会排斥对消费者炫耀性消费的影响机理研究

Social Exclusion and Its Effect and Mechanism on Conspicuous Consumption

刘尊礼◎著

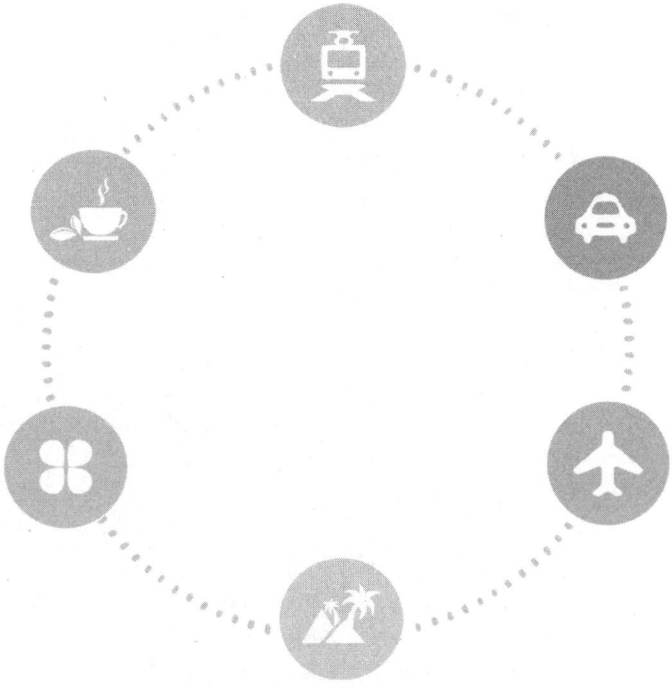

经济管理出版社
ECONOMY & MANAGEMENT PUBLISHING HOUSE

图书在版编目（CIP）数据

社会排斥对消费者炫耀性消费的影响机理研究/刘尊礼著．—北京：经济管理出版社，2020.5

ISBN 978-7-5096-7117-7

Ⅰ.①社…　Ⅱ.①刘…　Ⅲ.①消费者—行为分析　Ⅳ.①F713.55

中国版本图书馆 CIP 数据核字（2020）第 077480 号

组稿编辑：郭丽娟
责任编辑：魏晨红
责任印制：任爱清
责任校对：张晓燕

出版发行：经济管理出版社
（北京市海淀区北蜂窝 8 号中雅大厦 A 座 11 层　100038）
网　　址：www.E-mp.com.cn
电　　话：（010）51915602
印　　刷：北京玺诚印务有限公司
经　　销：新华书店
开　　本：720mm×1000mm/16
印　　张：12
字　　数：156 千字
版　　次：2020 年 6 月第 1 版　　2020 年 6 月第 1 次印刷
书　　号：ISBN 978-7-5096-7117-7
定　　价：65.00 元

前　言

由于自身或他人的原因，人们在现实生活中往往会遭遇到他人或群体的排斥，一方面，遭遇到排斥的人可能会与他人保持一致的行为，或借助归属产品的使用以满足其未被排斥的心理感受；另一方面，遭遇到排斥的人也可能表现出与他人或群体不一致的行为，甚至对他人或群体产生攻击行为，或借助独特性产品的使用以表明其独特性。消费行为领域中，产品的选择或使用是受排斥个体的重要行为表现，现有研究中虽然已有学者关注了社会排斥对消费者购买行为或产品选择行为的影响，但是并未具体分析消费者个体特征的差异性对其炫耀性消费倾向的影响，以及不同实体性群体的分析对其炫耀性产品选择的影响。本书在前人有关社会排斥及炫耀性消费研究的基础上，结合消费者内隐自我及对群体实体性的分析，采用实验与问卷调研的方式对该问题进行深入的探讨，并分析其内在影响机理。

本书从消费者个体及群体实体性分析两个层面，主要采用实验及问卷调研的方法，最终得出了以下结论：

(1) 消费者个体内隐自我能够调节社会排斥与消费者炫耀性消费倾向间的关系。受到排斥的实体论者比未受到排斥的实体论者更倾向于产生炫耀性消费，而渐变论者的炫耀性消费倾向并未受到社会排斥与否的影响。实体论者虽认为人的特质是不可改变的，并且该判断会对他们的行为产生影响，但他们却希望向其自身或他人展示出其正面的品质，而炫耀性消费倾向的产生则可以满足其正面品质展示的要求。渐变论者则更关注其自身能力的改变，而炫耀性产品并未从实质上改变其能力，因此，炫耀性消费并不会引起渐变论者的关注。

(2) 消费者对排斥来源群体实体性的分析能够调节社会排斥与消费者炫耀性消费倾向间的关系。高实体性群体的排斥，会强化消费者的炫耀性消费倾向，进一步分析则发现，对于排斥产生的群体，消费者想要与其保持紧密关系的程度影响了被排斥者的炫耀性消费。低实体性群体由于其成员间关系本就不紧密，因此该群体的排斥与否并不会影响消费者的炫耀性消费倾向。

(3) 自我肯定及群体肯定能够缓解社会排斥所引起的消费者炫耀性消费倾向。对于实体论消费者来说，炫耀性产品可以更快地改变其自身不好的状态，而高实体性群体的排斥则使消费者希望借助炫耀性产品对自身不好的状态进行调整。从消费者个体角度分析，消费者对受到威胁的自我进行了肯定，这种自我价值完整性的肯定有效缓解了实体论者的炫耀性消费倾向。从群体实体性角度分析，群体价值的肯定有助于个体对群体价值的认知进行调整，如果因排斥而选择脱离该群体，被排斥者可能面临新群体选择的风险，如新群体价值判断、融入风险等，对群体价值的肯定则有效缓解了人们的炫耀性消费倾向。

本书的研究结论进一步丰富了社会排斥在消费行为领域的研究，与前人的研究相比，本书的主要创新点在于：

(1) 将消费者个体内隐自我理论应用于社会排斥对消费者行为影响的研究之中，拓展了个体内隐自我理论在消费者行为领域的研究。社会排斥对消费者炫耀性消费倾向的影响，会因消费者实体论与渐变论观点的差异而呈现出不同的消费行为倾向。不同消费者特征的分析，有助于相关企业更好地、更有针对性地制定营销策略。

(2) 将群体实体性引入消费行为研究领域，拓展了群体实体性的相关研究。以往学者更多地从心理学领域对群体实体性进行分析，由于社会排斥涉及人际关系，因此受到排斥的个体会对排斥行为产生的群体进行分析，群体价值的分析与判断会对其消费行为产生不同的影响。本书对排斥来源的群体实体性进行了分析，指出社会排斥对消费者炫耀性消费的作用会受到其对群体实体性分析的影响。

（3）丰富了自我肯定与群体肯定在消费行为领域的研究，探讨了社会排斥对消费者炫耀性消费的影响机理。自我肯定能够缓解威胁对个体行为的影响，本书将社会排斥看作对消费者人际关系的一种威胁，面对威胁，自我或群体价值的肯定有助于消费者更好地应对威胁，从而规避其炫耀性消费倾向的产生。

最后，结合本书的研究结论，探讨了本书结论对营销实践的指导作用，并指出了局限性以及未来可能的研究方向。

本书运用心理学及社会学的相关知识，主要采用实验研究的方法研究了社会排斥与炫耀性消费间的关系。主要读者为消费者行为领域相关研究的研究者及营销实践管理者，对于社会上普遍存在的拒绝或排斥现象，本书从消费角度提出了一些应对方式，可以有效地为相关企业提供借鉴。

本书受上海工程技术大学学术著作出版专项资助，在写作过程中，汲取了大量消费者行为研究的前沿观点以及论文、著作和有关专家的研究成果，这些专家学者的智慧和劳动结晶对本书的完善具有重要的意义，在此向各位专家学者表示由衷的感谢。虽然写作中力求精益求精，但由于自身水平有限，书中难免存在不足之处，恳请广大读者批评指正。

目 录

第一章 绪论 …… 1
一、研究背景 …… 1
二、研究意义 …… 6
（一）理论意义 …… 7
（二）实践意义 …… 7
三、研究内容与研究框架 …… 8
（一）研究内容 …… 8
（二）研究框架 …… 9
四、研究方法与技术路线 …… 11
（一）研究方法 …… 11
（二）技术路线 …… 13
五、研究创新 …… 14

第二章 社会排斥与炫耀性消费相关研究 …… 15
一、社会排斥相关研究 …… 15
（一）社会排斥的定义 …… 16
（二）社会排斥的类型 …… 17
（三）社会排斥的影响结果及影响机制 …… 18

（四）社会排斥对于消费行为的影响 …… 32
二、炫耀性消费相关研究 …… 36
（一）炫耀性消费的定义 …… 37
（二）炫耀性消费的效应 …… 39
（三）炫耀性消费的动机 …… 42
（四）炫耀性消费的影响结果 …… 47
三、本章小结 …… 49

第三章　消费者个体内隐自我对炫耀性消费的影响研究 …… 51
一、内隐自我基本理论 …… 52
（一）实体论与渐变论 …… 52
（二）内隐自我与自我提升 …… 52
（三）内隐自我与信息推断、归因及社会判断 …… 53
二、消费行为领域中内隐自我的研究 …… 55
三、社会排斥、内隐自我及炫耀性消费的关系 …… 58
四、实验一：品牌标志偏好 …… 61
（一）样本与实验设计 …… 61
（二）实验过程与刺激物 …… 61
（三）实验结果与讨论 …… 63
五、实验二：品牌产品偏好或选择 …… 66
（一）样本与实验设计 …… 66
（二）实验过程与刺激物 …… 66
（三）实验结果与讨论 …… 67
六、本章小结 …… 70

第四章　群体实体性对炫耀性消费的影响研究 …… 71
一、群体实体性相关研究 …… 72

（一）群体实体性的含义 …… 72
（二）群体实体性的社会影响 …… 73
二、社会排斥、群体实体性及炫耀性消费的关系 …… 78
（一）关系分析 …… 78
（二）研究假设 …… 79
三、研究一：社会排斥与群体实体性的交互作用 …… 82
（一）样本与实验设计 …… 82
（二）实验过程与刺激物 …… 83
（三）实验结果与讨论 …… 84
四、研究二：想要与群体保持的关系程度的中介作用 …… 87
（一）样本选择及数据收集 …… 87
（二）问卷设计 …… 87
（三）结果分析 …… 88
五、本章小结 …… 92

第五章　自我肯定与群体肯定对炫耀性消费的影响研究 …… 95
一、自我肯定相关研究 …… 96
（一）自我肯定的基本理论 …… 96
（二）自我肯定对人们心理及行为的影响 …… 99
二、消费行为领域中自我肯定的研究 …… 103
（一）自我肯定后不再购买与威胁直接相关的产品 …… 103
（二）自我肯定后会强化与威胁相关产品的购买 …… 104
（三）自我肯定对其他消费行为的影响 …… 106
三、研究假设 …… 107
（一）自我肯定及内隐自我的调节作用 …… 107
（二）群体肯定及群体实体性的调节作用 …… 109
四、实验一：自我肯定与内隐自我 …… 111

（一）样本与实验设计 …… 111
（二）实验过程与刺激物 …… 112
（三）实验结果与讨论 …… 113
五、实验二：群体肯定与群体实体性 …… 117
（一）样本与实验设计 …… 117
（二）实验过程与刺激物 …… 117
（三）实验结果与讨论 …… 119
六、本章小结 …… 122

第六章　研究结论与启示 …… 125
一、研究结论 …… 125
二、理论贡献 …… 129
三、管理启示 …… 133
四、研究局限性 …… 135
五、未来研究展望 …… 137

参考文献 …… 139

附录 …… 169

后记 …… 181

第一章　绪论

一、研究背景

在与他人的交往中，你是否曾遇到过这样一种情景：在与他人交谈时，对方做出了双臂交叉的动作，从心理学角度分析，这是社会交往中典型的防御性状态。交叉的双臂，说明对方感觉到很不自在，希望能够保护自己，这可能意味着对方正在疏离你，而这也是一种排斥的行为表现。这种行为表现不仅可以被你观察到，甚至在某些情况下，为了形成对自我的保护，你可能也会做出这种防御性的姿势，借助此姿势表明你心情不好、不想与人交流，或者掩饰你的不满、焦虑等情绪。从更为宏观的层面分析，Richman 和 Leary（2009）将人与人之间的排斥行为扩展到歧视、污名化、驱逐等领域，并认为人们会对排斥产生不同的行为反应，而这些反应的产生可能是基于人们多种不同的动机。

1. 人际交往中的排斥

尽管当前社会更加强调人与人之间的和谐相处，但是现实生活的人际交往中，人们仍会遇到各种各样的社会排斥，而这样的排斥或许表现得

“较为轻微”，或许表现得“较为严重”，有时甚至会给被排斥者带来一定的伤害。例如，当你进入一个新环境时，周围人也许不知道如何与你相处，从而使你受到了冷落；当你惹伴侣生气的时候，你可能打了无数次电话恳求他/她的原谅，但是都得不到回复；当你申请出国留学的时候，向一个心仪的教授发了好几封邮件，却没有收到一封回信；在聚会或办公室与人交谈时，没有人对你给出回应；希望与他人成为朋友时，得到的却是对方的回绝等，甚至在公共场合受到他人的羞辱。这些明显的拒绝、回绝，或不明显的忽视均被看作具有一定伤害性的排斥。还有一部分排斥行为其表现虽不明显但却是不断重复的，如在种族主义国家中，人们经常会遭遇各种各样的种族歧视，这种潜移默化的歧视行为，最后令受到排斥的个体对排斥表现得极为敏感，长时间的敏感性反应会对他们造成严重的伤害。为规避不明显却不断重复排斥所带来的负面影响，人们会随时调用身体中的“排斥探测器”，一旦人们处于可能会出现的细微排斥环境中时，就会对排斥表现得极为戒备，然而，如果“排斥探测器”使用得过于频繁就会导致人们敏感性的增加，最终可能影响人们的正常生活，甚至导致一种病态行为的出现。

Twenge 等（2001）认为，这些明显或不明显的行为都是社会排斥的表现，具体来说，社会排斥是指个体处于被排挤、被孤立的状态，有时会伴随明确的不被他人接纳的信号。排斥往往是双向的，人们可能对他人产生排斥行为，也可能受到他人的排斥（Richman 和 Leary，2009）。人们之所以会受到排斥的影响，是因为人们对他人有关其自身的感知、评价及感受会表现得较为敏感，人们在乎他人的评价、习惯于他人对其做出反应，同时其自身也会表现出对他人的兴趣、认可或接受（Leary、Koch 和 Hechenbleikner，2001；Williams，2001）。在人际交往中，他人的反应会对人们的思想、情感、动机及行为产生强烈的影响，长时间得到他人积极的反馈会增加人们的心理与生理幸福感，而长期的消极反馈则会严重影响人们的心理与生理健康（Pressman 和 Cohen，2005；Williams、Neighbors

和 Jackson，2003）。

2. 消费情境中的排斥

排斥现象不仅表现于人际交往的非消费情境中，在消费情境中，作为消费者的我们同样会遭遇到他人的排斥，如当你在餐厅用餐时，喊了半天服务员，服务员也未搭理你；推出会员制度的一些企业规定，未达到相应会员等级的消费者无法享受某种服务等。Ward 和 Dahl（2014）则分析了奢侈品购买情境中消费者所感受到的品牌或代表品牌的服务人员的排斥行为。他们认为，当消费者进入奢侈品商店时经常会受到奢侈品商店员工的排斥或者感受到员工傲慢的态度，而这种感受到高端零售商店员工的忽视与拒绝不仅针对普通消费者，就连时尚行业的圈内人士也认为奢侈品商店销售人员的拒绝行为是一种普遍存在的现象。奢侈品商店的员工通常将购物者的手表与鞋子作为其判断的标准，如果他们觉得购物者的配饰并不昂贵，那么他们就会认为这些顾客不值得得到他们的服务（Wilson，2009）。正是因为感受到品牌销售人员的种种排斥，消费者也表现出了对奢侈品商店服务的不满，为避免心理的不适感，消费者会避免到这种场合进行购物，而企业为了应对消费者的抱怨或者顾客的流失，奢侈品零售商已经对其服务做出了一些调整，如让商品及其员工表现得更为平易近人（Binkley，2007；Odell，2009），甚至对服务人员的服务用语也进行了规范，如规定员工应直接对消费者正在挑选的商品给出意见，通过店铺中员工的热情表现以吸引消费者并保持消费者的忠诚度，提高消费者的满意度（Gremler 和 Gwinner，2008；Iacobucci 和 Ostrom，1993）。

3. 研究问题的提出

当人们成为被排斥的对象，且排斥又发生在恰当的时刻和理想的状况下时，人们才可能试图弄明白受到排斥的原因，随后采取修补和恢复策略，以满足人们的归属需求。研究者普遍认为社会排斥与归属感有关，他们认为归属感是人们生存发展中的一种基本需求（Baumeister 和 Leary，1995），通过关系的建立与保持可以使人们借助资源分享与相互保护获取更多的生存利益（Buss，1991）。基于这一原因，归属需求被认为是各文化社会中普遍存在的需求，并且文化本身也成为归属需求的一种证明，如在异域文化占据主流的社会中，海外华人往往希望找寻到一种文化认同和归属感，然而与解决异域的生存问题相比，融入当地社会的难度更大，单凭拼搏与奋斗并不能有效提升海外华人的文化认同与归属感。在营销领域中，营销人员已经意识到人们对于归属感寻求的倾向。以大学生的着装为例，各种学校推出的纪念款服装，通过学校标志、服装颜色的差异显示出学生或学校的归属性；信用卡或储蓄卡上学校（或其他组织）标志的印制，体现了学生或其他人群的归属性；专属俱乐部成员关系的获取除了借助产品形成其主要卖点（如花费高昂的费用购买某类或使用某产品），还可以借助加入反应群体归属行为的品牌社群得以实现（只有受到俱乐部内部成员的邀请才能加入，并且要缴纳高昂的入会费及年费）。

被爱和寻求归属感是每个人都追求的基本需要，而被排斥则是令人不愉快的，但在生活中却非常常见。社会接纳感的消失会显著影响人们的心理和生理健康（Baumeister 等，2005；Williams，2007）。从社会心理学角度，前人研究表明，迎合他人会重新获得被人接纳的机会，而社会排斥则会促使人们迎合他人，表现为归属性消费的实施（DeWall、Maner 和 Rouby，2009；Williams、Cheung 和 Choi，2000；Mead 等，2011）。其他研究则得出了与迎合他人相反的结论，社会排斥会增加攻击性行为并减少帮助行为（Baumeister 等，2007；Twenge 等，2001，2007；Warburton、Williams 和 Cairns，2006）。受到排斥后，人们要么采取适当的行为去重新得到他人或群体的接纳，要么对排斥他的人或群体采取攻击性的行为。以消费者行为学为视角而展开的研究中，也存在两种不同的研究结论，为了寻求对群体的归属感，社会排斥会促使消费者试图通过各种方式（如归属性消费）建立社会再联系，选择能够表明其归属于某一群体的产品，即使产品可能并不是被排斥者所喜欢的，甚至是非法药物等（Mead 等，2011），或者购买那些能够帮助人们强化与过去再联系的怀旧产品（Loveland、Smeesters 和 Mandel，2010），这些发现与那些表明社会排斥会增加亲社会行为的研究相一致（Williams，2007）。然而，对社会排斥的反应不都是亲社会行为，甚至有一些相反的行为表现，社会排斥所导致的自我威胁也能够促使消费者产生自我关注的消费反应，Lee 和 Shrum（2012）从人们基本需求受到威胁（Williams，2007）的角度，通过四个实验检验了社会排斥的影响。结果表明，功效需求（权力与存在感）可以产生自我关注，如提升炫耀性消费；相反，关系需求（自尊）的威胁，可以产生亲社会反应，如增加慈善与帮助行为。而如果消费者认为其被排斥的原因无法改变时，则倾向于选择独特性的产品以求标新立异。而消费者认为被排斥的原因可以改变时，即重新建立社会联系可行时，其感知的独特性需求降低，在产品选择中更倾向于选择大众化的产品（Wan、Xu 和 Ding，2014）。

在消费行为领域，虽然研究者已开始关注社会排斥对于消费者产品选择行为的影响，但研究多从人们的心理需求及排斥原因的角度进行分析，并且结合人们的不同心理需求及原因分析，指出社会排斥的经历或感受会使人们借助不同类别产品的选择，以表明其修复或恢复归属感的需求或对其他需求的追求。然而，Richman 和 Leary（2009）也指出，仅仅从个体需求角度对社会排斥行为进行分析并不完全，他们认为受到社会排斥或者感受到社会排斥的威胁时，人们会从需求角度对排斥进行分析，但是他们也会对其所在的关系群体价值、关系修复预测、排斥严重性、排斥成本等进行分析，结合对不同因素的综合考虑，从而决定其可能会采取哪些应对措施，包括借助具有符号象征意义的产品的选择与使用以表明其自身的重要价值感或者对于未来关系的渴望。现有研究中，有学者从消费者的角度分析了自尊在社会排斥与消费者品牌偏好间的作用（Dommer、Swaminathan 和 Ahluwalia，2013），而其他结合消费者特征的研究则相对较少，并且对于社会排斥的分析，以往学者较少关注排斥来源对消费者个体的影响，对排斥来源群体实体性分析可能会对消费者个体的消费行为产生影响。

本书认为，受到排斥后，人们认为自身状态可变与否的判断会影响其消费行为，从个体角度分析，有的消费者认为凭借外物改变不了威胁感，而有的消费者则认为，借助外物至少可以进行自我调整，达到一种内心的平衡，还有消费者可能会对排斥产生的群体价值进行分析，权衡利弊以决定采取何种行为。因此，本书突出关注了消费者个体内隐自我特征对其消费行为的作用，分析了排斥来源对受到排斥的消费者消费行为的影响，并结合心理学中的自我肯定理论探讨了社会排斥对消费者炫耀性消费行为的影响机理。

二、研究意义

人际交往中普遍存在的拒绝、歧视、污名化等社会排斥问题，已越来越受到研究者的关注。近几年，虽然营销学领域有关社会排斥对消费者行为影响的研究有所增加，但是社会排斥与消费行为间关系的研究仍相对有限。因此，本书将拓展社会排斥在消费者行为领域的研究，从个体角度检验社会排斥对于不同个体特征消费者炫耀性消费的影响，并从群体角度分析群体特征差异对消费者炫耀性消费的作用。由于受到他人或其他群体的排斥，个体很容易感受到排斥的负面影响，为应对排斥威胁的不利影响，个体可能更多地对自我形成关注，而炫耀性产品的使用在某种程度上可以实现消费者自我关注的目的（Lee 和 Shrum，2012）。被排斥者借助炫耀性产品的选择及使用以改善其社会疏离感的方式，实质上是从消费者心理补偿的视角对其炫耀性消费行为的分析。被排斥者将炫耀性消费作为一种自我保护与自我防御的机制，借助炫耀性产品的价值表现功能以及炫耀性产品的象征意义，维护或者重新肯定自我价值或自我形象，此时的炫耀性消费只是在亟待获得认同和接纳的心理驱使下的自我保护行为。因此，本书具有一定的理论和实践意义。

（一）理论意义

首先，本书将社会排斥的研究进行了拓展，考虑了消费者个体内隐自我及其对排斥发起源群体实体性的分析与社会排斥的共同作用。目前，社会排斥的相关研究集中于社会心理学领域，近几年消费行为领域才开始关注其对消费者行为的影响，并且多从消费者心理需求角度对其消费行为进行分析，本书从消费行为领域结合消费者个体的内隐自我观更加全面地分析了社会排斥这一人类社会生活中常见的交往问题。

其次，本书认为，社会排斥可能不会直接作用于消费者的炫耀性消费行为，但是消费者个体特质或排斥群体价值的分析则会对其炫耀性消费倾向产生影响。本书强调了社会排斥对消费者炫耀性消费倾向的作用会受到不同因素的影响，对于消费者及群体的全面分析，有助于更好地对影响消费者炫耀性消费行为的前置因素进行分析。

最后，本书分析了影响消费者炫耀性消费行为的另一心理因素，即消费者自我或群体完整性的追求，会抵消消费者对炫耀性产品的渴望。以往有学者研究强调，功效需求的强化可以降低受到忽视的消费者的炫耀性消费倾向，本书则指出自我或群体价值肯定后，消费者能够有效地应对社会排斥所产生的威胁感，进一步完善了社会排斥对消费者消费行为影响机理的研究。

（二）实践意义

首先，对于消费者社会排斥经历的了解，有助于企业有针对性地设计适合不同消费者偏好的广告信息，从而吸引其注意力，满足其受到威胁的心理需求。在日常生活中，人们或多或少都会遭遇到各种忽视、拒绝与排斥，而消费行为则是人们缓解排斥所产生的不适感的有效途径之一，结合对消费者个体特征的分析，有助于企业更有效地识别出消费者的差异性，进而采取有效的营销策略。

其次，对于群体特征的把握，则有助于企业从群体特征角度了解消费者对于群体的依赖性。企业可以通过相应品牌社群的建立，借助企业与消费者间以及品牌社群内消费者与消费者之间关系的分析，更好地决定企业应该采取何种营销策略以更好地满足消费者需求，进而使企业获取更多的收益。

最后，对于可能产生炫耀性消费倾向的青少年群体，受到社会排斥则是促使其选择炫耀性产品的原因之一，而这一原因的有效把握，则有助于相应机构采取适当措施去引导、教育青少年。

三、研究内容与研究框架

（一）研究内容

本书主要研究内容涉及以下几个方面：

（1）研究了消费者个性特征在社会排斥与炫耀性产品选择间的作用。以消费者个体内在的对自我的看法为依据，从其内隐自我特征角度，探讨了社会排斥在不同个性特征消费者调节下如何作用于消费者的炫耀性产品消费行为。

（2）分析了群体实体性对于受排斥消费者炫耀性产品选择的影响。

个体不仅会对自我有基本的看法，对群体的价值判断同样具有基本的看法，受到排斥后，个体会对其所在群体进行分析，分析判断后可能会对个体的消费行为产生影响，因此，本书也探讨了群体实体性对于社会排斥与消费者炫耀性消费倾向间关系的影响。

（3）研究了社会排斥对消费者炫耀性消费的影响机理。消费者之所以产生炫耀性消费，是因为他们将炫耀性消费作为应对社会排斥威胁的一种手段，而如果消费者对自我价值及群体价值进行了肯定，则可能不会产生炫耀性消费倾向。本书探究了自我肯定与群体肯定对消费者炫耀性消费行为的影响。

（二）研究框架

在对前期相应文献检索、成果分析的基础上，制定了本书的基本研究框架，各章节的主要内容安排如下：

第一章为绪论，主要从人际关系间的排斥及消费情境中排斥行为的角度对本书的研究背景进行了阐述，并据此提出了本书的研究问题，分析了本书的理论和实践研究意义，指出本书的主要研究内容，给出本书的研究框架，并确定了本书的主要研究方法和技术路线，最后提出了本书可能的创新之处。

第二章为社会排斥与炫耀性消费相关研究，结合本书的研究主题从社会排斥和炫耀性消费两个角度，对相关的文献进行了分析。社会排斥研究的相关文献集中于社会心理学领域，既包括了对社会排斥基本概念及类型的分析，也包括了社会排斥影响的相关分析。近几年，营销领域的研究者逐渐开始关注社会排斥对消费者消费行为的影响，因此本部分也涉及了消费行为领域中社会排斥的影响分析。炫耀性消费是本书重要的结果变量，文献研究中归纳总结了炫耀性消费的定义、效应以及炫耀性消费的动机，并分析了炫耀性消费可能产生的影响结果。社会排斥与炫耀性消费相关文献的梳理与分析，为本书的后续研究提供了一定的理论基础与研究依据。

第三章为消费者个体内隐自我对炫耀性消费的影响研究。首先对内隐自我的相关理论及相关研究进行了分析论述，接着提出了本章的基本假设，认为与未受到排斥相比，受到排斥的实体论者更倾向于进行炫耀性消费，而渐变论者则不会受到明显影响。然后通过两个实验研究对假设进行了检验，实验一研究发现，受到排斥的实体论者更容易产生炫耀性消费倾向，并且受到排斥的实体论者比渐变论者表现出更强的炫耀性消费倾向。实验二则考虑了品牌熟悉度对消费者炫耀性消费的作用，进一步发现实验一的结论仅对消费者熟悉度较高的品牌成立，即他人及消费者自身熟悉度较高的品牌才可能具有一定的炫耀性。第五章则基于心理学领域的自我肯定理论进一步探讨了社会排斥与消费者个体内隐自我共同作用于炫耀性消费倾向的影响机理。

第四章为群体实体性对炫耀性消费的影响研究。本章认为消费者经历社会排斥时，不仅会受到个体特征的影响，还会对其排斥产生群体的价值、重要性等进行分析，而群体价值、重要性的分析可以被认为是对群体实体性的关注。通过对群体实体性相关研究的分析，本章认为源于高实体性群体的排斥，会使消费者产生炫耀性消费倾向，而这一行为表现则是因为人们可能不太想与该实体性群体保持较为紧密的联系。为验证研究假设，本章采用实验与问卷调研的方法，均验证了研究假设，即源于高实体性群体的社会排斥会强化人们的炫耀性消费倾向，而研究二则发现人们想要与该群体保持的关系强度受到了社会排斥与群体实体性的影响，并最终影响了人们的炫耀性消费倾向。社会排斥及群体实体性的分析，影响了消费者想要与群体保持的关系程度，并最终影响了消费者的炫耀性消费行为。

第五章为自我肯定与群体肯定对炫耀性消费的影响研究。本章揭示了消费者炫耀性消费倾向产生的机理。由于受社会排斥威胁的影响，人们可能会产生不同的行为表现，然而，依据以往学者的研究，如果人们对自我及群体的价值进行了肯定，那么消费者的消费行为则不会受社会排斥与消费者内隐自我或者群体实体性分析的影响。本章在对自我肯定相关研究进行梳理的基础上，对研究假设进行了检验。实验一从消费者自我肯定角度，检验了自我肯定在社会排斥与内隐自我关系间的作用，研究发现，消费者的自我肯定抵消了实体论者中社会排斥与否对其炫耀性消费的作用，而未得到自我肯定的受到排斥的实体论消费者仍会表现出较高的炫耀性消费倾向。实验二从群体肯定角度，分析了消费者群体价值关注对其炫耀性消费的影响，研究发现，对群体价值的肯定抵消了源于高实体性群体社会排斥对于消费者炫耀性消费的作用，而未对群体价值肯定的源于高实体性群体社会排斥的消费者仍有较强的炫耀性消费倾向。从心理学视角探讨了社会排斥对消费者炫耀性消费行为的影响机理。

第六章为研究结论与启示，在对前几章研究结论进行提炼与总结的基础上，将本书的结论与已有的相关研究进行对比分析，指出本书在社会排斥、炫耀性消费、内隐自我、群体实体性及自我肯定等方面的理论贡献，并探讨了研究结果在企业实践中的实际价值与意义。最后归纳总结了本书的局限性，并指明未来研究中可能涉及的研究方向，对其进行了分析与讨论。

四、研究方法与技术路线

（一）研究方法

本书的研究方法，主要包括文献研究、实验研究以及问卷调研，并在获取相关数据的基础上，结合统计学中的方差分析与回归分析等方法对数据进行了处理与分析。

1. 文献研究

对于现有相关研究文献的梳理是开展学术研究工作的前提，文献研究有助于深入了解所选研究领域的学术前沿及相关理论背景，根据以往学者研究，可以提出逻辑严密的研究假设，并通过有效的分析方法，结合数据分析，获得科学、可靠的研究结论。因此，为更好地构建本书的整体研究框架，并科学合理地提出研究假设，本书首先对国内外相关学科及领域的研究进行了较全面的文献收集与整理，该工作为后续研究奠定了相关的研究基础。文献研究部分主要包括社会排斥与炫耀性消费两个领域的文献，而在后续章节的分析中，也对各章节所涉及的相关理论，如内隐自我、群体实体性及自我肯定的相关研究进行了归纳与总结，以期更好地进行各章节研究假设的推导。

2. 实验研究

实验法是消费者行为研究中通常使用的研究方法，通过对相关变量的操纵以完成变量的启动，进而借助方差分析（ANOVA）或者回归分析等方法，对研究假设进行检验。本书主要研究章节中都涉及对相关变量，如社会排斥、消费者内隐自我、群体实体性、自我肯定、群体肯定的操纵，针对不同研究内容，为有效控制研究的外部有效性，采用多种不同方式对社会排斥进行了启动。另外，还有一部分研究变量尤其是因变量的获取采用的则是测量的方式。

3. 问卷调研

为考虑研究的一般性，本书主要以实验法为主，其中有一个研究使用了问卷调查的方法。问卷调查所选取的样本较多，可以获取个体在人际交往中所感受到的一般性的社会排斥问题，进而了解一般性的排斥风险对消费者消费行为的影响。

社会排斥在心理学领域的研究较为成熟，而将其应用于消费行为领域的研究相对不多，本书的研究内容均是基于近几年相关研究者的研究成果，因此，各方法的综合运用，有助于本书更科学有效地对所提出的研究假设进行分析论证。

（二）技术路线

基于对研究问题、研究内容及具体研究方法的阐述，本书的技术路线如图 1-1 所示。

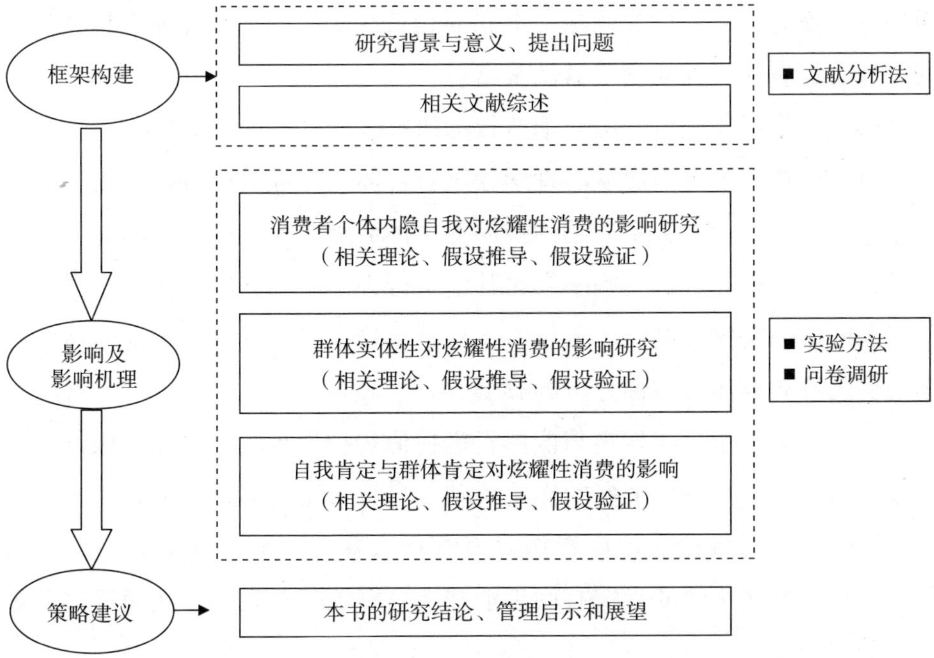

图 1-1 本书的技术路线

五、研究创新

本书的选题具有一定的前沿性，虽然心理学领域社会排斥的研究较为成熟，但社会排斥在消费行为学领域的研究尚处于萌芽期，本书的创新点主要体现在以下几个方面：

第一，将消费者个体内隐自我理论应用于社会排斥对消费者行为影响的研究中，拓展了个体内隐自我理论在消费行为领域的研究。社会排斥对消费者炫耀性消费倾向的影响，会因消费者实体论与渐变论观点的差异，而呈现出不同的消费行为倾向。不同消费者特征的分析，有助于相关企业更好地、更有针对性地制定营销策略。

第二，将群体实体性引入消费行为研究领域，拓展了群体实体性的相关研究。以往学者更多地从心理学领域对群体实体性进行分析，由于社会排斥涉及人际之间的关系，受到排斥的个体会对产生排斥行为的群体进行分析，群体价值的分析与判断会对其消费行为产生不同的影响。本书对排斥来源的群体实体性进行了分析，指出社会排斥对消费者炫耀性消费的作用会受到其对群体实体性分析的影响。

第三，丰富了自我肯定与群体肯定在消费行为领域的研究，探讨了社会排斥对消费者炫耀性消费的影响机理。自我肯定能够缓解威胁对个体行为的影响，本书将社会排斥看作对消费者人际关系的一种威胁，面对威胁，自我或群体价值的肯定有助于消费者更好地应对威胁，从而规避其炫耀性消费倾向的产生。

第二章　社会排斥与炫耀性消费相关研究

本章主要对社会排斥与炫耀性消费相关研究进行了文献梳理，通过对现有文献研究成果的归纳总结，发现可能的有价值的研究内容，进而为本书的具体开展与研究设计提供借鉴和研究依据。

一、社会排斥相关研究

社会排斥的研究涉及社会学领域与心理学领域。社会学领域的社会排斥强调从政治、经济、社会阶级等宏观层面分析人与整个社会之间的关系，强调社会排斥是一个多维度的概念。曾群和魏雁滨（2004）从宏观层面将社会排斥分为政治排斥、文化排斥、社会关系排斥、福利制度排斥以及包括劳动力市场、贫穷和消费市场排斥的经济排斥等，从被排斥的来源角度则分为个体排斥、团体排斥与空间排斥。从社会学角度分析，造成社会排斥的原因主要包括（丁开杰，2009）：第一，社会主流或精英群体对其他社会成员所实施的歧视性决策与行动。由于被排斥者权益的损失，而使其并不能借助相应资源以修补其弱势地位。第二，社会制度与体制运行所带来的制度性排斥。由于政治、经济、社会等方面的制度限制，使部分社会成员无法获取相应资源和机会，进而引起了社会排斥。第三，被排斥者自身的一些不恰当的行为或价值观，使其自身受到他人的排斥或边缘化。

在我国的社会学领域中，社会排斥相关问题的研究角度主要涉及对弱势群体的歧视或排斥，如农民工、艾滋病人、失地农民、城市流浪儿童等（黄佳豪，2008）。这类研究主要是从社会制度层面分析社会排斥对整个社会的发展及和谐社会建设的重要意义，从国家宏观发展层面对社会排斥进行理解与论证，其研究并未关注社会排斥对受排斥的群体和个体的心理影响，及其所引起的个体或群体行为的改变。由于本书主要是分析社会排斥对于个体行为（尤其是消费者行为）的影响，其分析框架主要基于社会心理学中社会排斥的相关研究，因此，本书主要从社会心理学的角度对社会排斥的相关研究进行归纳与总结，文献的梳理主要集中于心理学领域与消费者行为研究领域。

（一）社会排斥的定义

社会心理学领域对社会排斥的研究相对较为成熟，作为一个与社会接纳相对立的概念，社会排斥被认为是一种不被他人或群体接纳，个体归属需求受到阻碍的社会现象（Twenge 等，2001），社会排斥的产生源于个体违反群体行为规则或其自身缺少足够的人际吸引力（Baumeister 和 Tice，1990）。MacDonald 和 Leary（2005）认为，社会排斥是个体渴望得到的关系或归属需求无法实现的现象，这一现象发生于社会互动中，在互动中，个体被其想要与之建立关系的他人或团体拒绝。由此可以看出，心理学领域中的社会排斥强调的是个体由于受到他人或某一社会团体的排斥或拒绝，进而导致其归属需求或关系需求受到阻碍的现象和过程。Richman 和 Leary（2009）认为，人际间的排斥包括歧视、污名化、驱逐等，并且指出社会排斥及个体对社会排斥的反应涉及多种动机，不能简单地从个体需求受到威胁的角度进行分析。

从进化论角度分析，排斥具有一定的功能性和适应性（Barner-Barry，1986）。排斥的功能性表现为，群体领导者为增强群体成员的凝聚力，或者为其成员提供更安全和更多产生子代（Reproductive）的机会，往往会采取相应措施放逐那些已拖累群体发展和不合群的成员（Gruter 和 Masters，1986）。而排斥的适应性则表现为，为了避免群体成员资格及产生更多子代机会的丧失，有机体会逐渐产生排斥探测与预测系统，将疼痛等作为排斥探测系统的一种主要预警信号，瞬间的疼痛反应很容易引起人们的注意，并评估其行为以促使人们采取相应策略应对排斥所带来的各种损失与负面影响（Williams，2007）。

（二）社会排斥的类型

人们受到社会排斥的原因在于群体中存在：①未对群体生存及财富积累做出足够贡献的个体，即能力不足的人会受到群体的排斥。②违反群体中人际交往行为的个体，即破坏群体规则的人会受到群体的排斥。③缺少足够吸引力的个体，即形象不佳及具有令人厌恶人格特征的人会受到群体的排斥（Baumeister 和 Tice，1990）。人们可能在心理上对社会排斥的感受有所不同，而这一感受源于人们对排斥明确性的反应（Molden 等，2009），反应不同使社会排斥表现出排斥、拒绝、孤立、忽视等多种形式（杜建政和夏冰丽，2008）。

1. 拒绝（Reject）与忽视（Ignore）

以排斥是否明确为依据，Molden 等（2009）指出，在某些情况下，人们会因不好的身份在其关系或群体中获取明确的反馈而被拒绝，如恋人可能列出对方性格缺陷的详细列表，陌生人会莫名其妙地表现出粗鲁或侮辱的行为，正式或非正式群体成员不断地进行言语侮辱或身体伤害。另一些情况下，人们会因缺少足够的社会联系而获得不明确的拒绝而被忽视，如恋人的疏远与不给予回应、陌生人莫名其妙地将其注意力转向他处、社会群体成员不断拒绝承认一个人的贡献（甚至一个人的出现）等。

2. 故意（Intentional）与情境（Situational）排斥

根据排斥是否是故意的，Kim、Wan 和 Zhang（2014）的研究中将社会排斥分为故意排斥与情境排斥两种类型。故意排斥是指人们故意表现出排斥行为，排斥的原因可能是由于被排斥者不受欢迎，群体成员都不喜欢被排斥者。情境排斥是指人们由于私人原因而离开正在参与的群体活动，剩下的人则成为被排斥者。与情境排斥相比，故意排斥更容易对人们的行为产生影响，可能会使人们产生一些攻击性的行为。

对于社会排斥的分类，有助于深入了解不同排斥表现形式对人们实际生活所产生的影响。拒绝与忽视两种排斥虽感受有些类似，但 Lee 和 Shrum（2012）及 Molden 等（2009）的研究表明，二者的行为结果及行为动机仍存在一定差异。而故意与情境排斥，更多的是从排斥原因角度对排斥进行了分类，两种排斥均表明被排斥者已分析得出了其受到排斥的原因，进而会对其行为表现产生影响。

（三）社会排斥的影响结果及影响机制

社会排斥往往会对被排斥者产生不利影响（Narayanan、Tai 和 Kinias，2013），为规避社会排斥所产生的负面效应，人们通常会调整自己的行为及处事方式，如受到社会排斥的人会通过迎合大众的看法寻求新的归属感（Dewall、Maner 和 Rouby，2009；Mead 等，2011；Williams、Cheung 和 Choi，2000），或是与迎合大众相反的行为，如减少帮助行为或采用叛逆的反社会行为来宣泄自己的不满（Baumeister 等，2007；Twenge 等，2001）。有关社会排斥的研究，社会心理学重点关注其对人们认知、情绪、行为等的影响及影响机制（杜建政和夏冰丽，2008）。

1. 对被排斥者的影响

（1）认知影响。社会排斥会对受排斥者的认知过程产生一定影响。Gardner、Pickett 和 Brewer（2000）通过模拟网络聊天室的方式对参与者进行排斥与融入的操作，接着向他们展示包含社交和个人活动信息的日志。结果发现，与个人活动相比，被排斥者会选择性地回忆起更多明确的社交活动。Gardner 等（2000）指出，正如饥饿会增加与食物相关信息的记忆，与社会排斥相关的高归属需求，会导致被排斥个体选择性地记忆与社交活动相关的信息，即社会排斥影响了与个体归属有关的认知过程。

Baumeister、Twenge 和 Nuss（2002）则具体分析了社会排斥对认知过程的影响。他们通过三个实验研究发现，社会排斥会损耗智商测验及被试的推理能力。智商测验中，实验发现，受到排斥的被试其测验成绩明显差于未受到排斥的被试。他们指出成绩不好的原因可能在于被试的新信息处理能力及记忆提取能力出现了问题，因此，他们又具体研究了社会排斥对学习及记忆的影响，通过对所阅读短文内容的回忆，判断被试的学习与记忆能力。研究发现，与未受到排斥的另外两组被试相比，受到排斥的被试不仅在提取记忆信息方面表现出困难性，而且在利用这些信息解决具有一定难度和需要思考的问题方面也表现出了困难性。最后，他们又发现，社会排斥会引起逻辑推理能力的显著降低，但是这种能力并不会影响受排斥者对于简单信息的回忆。从智商、学习、记忆及逻辑分析等方面，Baumeister、Twenge 和 Nuss（2002）表明社会排斥对于认知的影响，Baumeister、Twenge 和 Ciarocco（2002）则发现社会排斥所导致的认知过程的损耗更多地表现于高认知过程。

Twenge、Catanese 和 Baumeister（2003）从认知解体角度分析了社会排斥的影响。认知解体是自杀者中出现的试图对自身缺陷回避的意识，并伴随着可能要面对自身缺点及失败情感抑制的一种精神状态。他们的研究指出，社会排斥会挫败个体渴望融入他人的想法，因此被拒绝的个体会进入一种认知解体的防御状态，在这种状态中情感抑制与规避自我意识会得到控制。他们的实验研究发现，与控制组相比，受到排斥的被试会高估时间间隔，同时，对时间感知的差异性也改变了人们对未来的关注度，被排斥者更关注当前，不太关注未来。被排斥者还会表现出倦怠与被动性等认知解体状态的特征。在实验中，他们要求被试对常见的谚语进行定义，结果发现，受到排斥的被试写了很少的单词，表明其并未在认知任务上付出过多的努力，并且在一个测试其反应时间的新奇任务中仍表现得无精打采。这两个研究与 Williams、Cheung 和 Choi（2000）的研究具有一定一致性，即社会排斥使人们反应迟钝，并且表现出倦怠与被动性。在自我觉察的实验中，Twenge 等（2003）发现，受到排斥的被试尽可能地回避选择面对镜子的椅子，而控制组的被试则并未表现出对椅子选择的差异性，选择面对镜子与远离镜子的各占一半。研究表明，社会排斥能够导致被排斥者对镜子的回避，进而表明被排斥者厌恶自我觉察。Twenge 等（2003）的一系列实验研究表明，社会排斥会对人们的认知产生影响，导致认知的解体。

Maner 等（2007）通过 6 个实验检验了排斥对认知的影响，他们认为社会排斥会促进被试对于社会联系的重新建立。排斥的威胁会提升人们结交新朋友的动机、提升与他人一起工作的欲望、寻找在新社会目标中形成积极正面印象的机会、对新交往伙伴分配更多好处等。在新关系的建立中，被排斥者会更积极地评价潜在的新群体，更消极地评价排斥他的群体。

社会排斥对认知的影响不仅体现在认知已开始产生的阶段，DeWall、Maner 和 Rouby（2009）指出排斥在认知的早期阶段就已经开始产生影响，排斥初期所感受到的威胁提升了人们对于笑脸的选择性关注。与未被排斥的被试相比，经历了排斥威胁的被试能够更快地从有差别的面孔中注意到笑脸。他们的研究表明，人们在受到排斥后的初始阶段就已经开始寻找能够接受他们的来源。Powers 等（2014）则认为，人们会通过面部识别去寻找可能的社会联系来源，以最大化他们更新社会关系的机会。在这一过程中，眼睛注视则起到了重要作用（Wilkowski 等，2009）。

在信息处理方面，Claypool 和 Berstein（2014）指出，被排斥者会仔细地处理社交信息，更仔细地考虑他人的独特性行为。为识别出可以重新归属的群体，与未受到排斥相比，被排斥者更倾向于考虑个性化的信息而不是依据固有的刻板印象。而这一个性化的思考更容易出现于其想要重新归属的群体中，对于那些具有攻击性的社会目标或非社会主体，被排斥者仍会依据其固有的刻板印象进行判断。

（2）情绪影响。社会排斥与人们情绪体验间的关系较为复杂，有的学者认为社会排斥会影响人们的情绪，而有的学者则认为不会对情绪产生影响。Buckley、Winkel 和 Leary（2004），Snapp 和 Lwary（2001），Williams、Cheung 和 Choi（2000）等指出，人们的心情会受到拒绝和排斥的显著影响。Baumeister 和 Tice（1990）的研究发现，社会排斥会引起人们的焦虑感，而 Leary（1990）则指出社会排斥不仅会导致人们的焦虑情绪，还会导致人们产生孤独感、嫉妒和抑郁。与接纳组相比，受到拒绝的被试会表现得更为愤怒与悲伤，感觉受到伤害，并且会增加对拒绝者的攻击性（Buckley、Winkel 和 Leary，2004）。Buckley 等（2004）进一步指出，与长期经受拒绝的被试相比，开始被接受而后来遭到拒绝的被试会表现得更为悲伤与感受到伤害。

社会排斥不仅会降低被排斥者的情绪（Williams 等，2002）、存在感（Stillman 等，2009）及自尊感（Bernstein、Sacco、Brown、Young 和 Claypool，2010；Leary 等，1995），情绪影响的进一步强化，还会影响人们的生理反应。Bernstein 和 Claypool（2012）总结了社会排斥所带来的两类痛苦反应，第一类源于亲密他人或社会群体所带来的实际或潜在的心理距离感（Eisenberger 和 Lieberman，2005），第二类则是与实际或潜在组织损伤有关的不舒服感和情感经历（Eisenberger 和 Lieberman，2005）。社会排斥会激活大脑中与疼痛相关联的区域（Eisenberger、Liberman 和 Williams，

2003），通过产生诸如痛苦和伤害的情绪负面地影响人们的心理幸福感（Leary 等，1995；Williams 等，2000）。Bernstein 和 Claypool（2012）进一步指出，情绪与生理反应是同时发生的，引起身体疼痛的反应伴随情绪痛苦的反应，而身体麻木的体验也会与情绪麻木同时出现。

然而，也有学者的研究表明，被排斥者的情绪并不一定会受到排斥的影响（Berstein 和 Claypool，2012）。Twenge 等（2003）情感词语猜测的实验发现，受到排斥后的被试会更少地选择与情感有关的词语，因此，他们认为排斥会导致情感的缺失及倦怠，即“情感麻木”或“内心麻木”（Bernstein 和 Claypool，2012），但社会排斥却不会产生情感抑制。Blackhart 等（2009）通过对以往研究的分析发现，人们对社会排斥的情感反应常常很小，由实验方式引出的社会排斥并未对情绪产生太大影响，其原因主要在于排斥经历所引起的情绪麻木可能伴随身体麻木的状态。Bass 等（2014）从神经科学角度分析了排斥所激发的生理应激反应。Bass 等（2014）利用 Cyberball 启动被试的排斥与融入状态后，与融入组相比，排斥组被试的皮质醇总量有所下降，但两组被试的 α-淀粉酶均有所提升，表明两组被试的正面与负面情绪均有所下降，但被排斥的被试情绪体验下降得更多。然而，通过对移情效应的研究发现，排斥与融入组并未呈现出显著差异，并且与皮质醇及 α-淀粉酶间不存在显著相关性，即排斥虽然会引起人体内相应化学物质的变化，但这一变化并不会对人们的移情产生效应。

早期社会排斥研究者 Willams 等（2003）也指出，尽管排斥在最初阶段会激起负面情绪，并且大量文献表明情绪可以在大范围的社会判断与处理方面进行有效预测（Forgas 和 East，2003），但是短期排斥诱导的反应并不能表明情绪在对排斥的反应中起到中介作用（Baumeister、Twenge 和 Ciarocco，2002；Twenge 等，2001；Williams、Cheung 和 Choi，2000）。多数研究并未发现排斥与融入的两类参与者在情绪方面存在显著差异。如果二者出现差异，情绪的效应也很小，与未被排斥相比，被排斥者的均值得分（与中值相比）存在一定的不确定性，即可正可负，而未被排斥者的评分更高（Williams 等，2003）。然而，长期排斥中人们可能会产生更多的负面情绪，并会对人们的行为产生影响（Williams，1997，2001）。

（3）行为影响。社会排斥除了影响人们的认知与情绪外，更多地会影响人们最终的行为结果。Baumeister 等（2005）采用几个实验研究证明拒绝或忽视等社会排斥会降低个体对饮食、恒心及注意力控制等的自我调节能力，即人们的自我调节能力会受到社会排斥的影响。研究一通过对未来孤独感的操纵启动被试的被排斥感，结果表明，与未受到排斥的被试相比，受到排斥的被试对健康但味道差的饮料消费得更少。研究二通过操纵人际交往的方式启动被试的排斥感，研究显示被排斥的被试会选择摄取更多的点心。两个研究均表明受排斥后，人们的自我调节能力下降。研究三则表明，被排斥的被试会更快地放弃需要花费更多精力的猜谜游戏。然而，当给予被试金钱奖励或提高他们的自我意识后，其自我调节能力则不会显著降低，即如果被拒绝的个体愿意花费足够的精力与努力或给予他们一定的刺激，他们是能够进行自我调节的。

现有有关受到社会排斥后被排斥者行为反应的研究结论并不一致（Maner 等，2007；Pickett 和 Gardner，2005；Williams，2007）。社会监控系统理论表明，社会排斥会影响归属感并激发人们关注能够重新融入新群体的社会线索（Pickett 和 Gardner，2005）。被排斥者会谨慎地与他人合作，并且倾向于以一种积极乐观的态度看待新的社会联系资源（Maner 等，2007）。Williams 等（2000）、Williams 和 Sommer（1997）指出，受到拒绝的人会通过讨好、一致性及亲社会行为努力去融入他人，甚至不惜做出一些不道德的行为（Kouchaki 等，2015）。一些研究表明，与社会融入（感到被其他个体或社会群体接受）相比，被排斥者更倾向于与新的关系资源建立联系（Maner 等，2007），对于获取社会接受更为敏感（DeWall 等，2009），更可能遵从他们的观点（Williams 等，2000），更可能购买象征群体成员资格的产品，更可能采取与群体一致的消费行为

（Mead 等，2011）。被拒绝的人会表现出愿意宣扬群体价值观及为其目标努力工作以寻求排斥群体的认可（Williams 和 Sommer，1997；Williams 等，2000）。

其他研究也发现，人们受到拒绝时，并不总是努力去融入他人，可能表现出攻击性，甚至会增加反社会行为，表现出与寻求一致性相反的行为后果。Buckley、Winkel 和 Leary（2004）认为人们通常不会攻击他人，因为他们担心反社会行为的表现可能会使其遭受更多的拒绝。然而，一旦有人拒绝了他们，他们就可以恣意妄为地实施攻击行为，并且攻击的可能性会随着所感知到的将来融入可能性的减少而增加。由于人们会对那些拒绝他们的人给出不好的评价，他们也更倾向于对这些排斥发起者表现出攻击性（Murrell 和 Jones，1993）。Buckley 等（2004）通过对中介效应的分析，发现拒绝所引起的攻击性是被试对拒绝者的评价所导致的。Leary 等（2003）也指出，人们暴力行为的增加在某种程度上与其所感受到拒绝具有一定的相关性。Twenge 等（2001）通过启动被试的未来孤独感，发现与未受排斥相比，被排斥的被试会表现得更有攻击性，他们对工作的评价更为负面，并且会对他人发出令人厌恶的声音。究其原因在于，社会排斥弱化了对个体自私和敌对行为的社会约束，并因此释放了攻击性行为的本能欲望（Twenge 等，2001）。Twenge 等（2007）研究发现，社会排斥会减少人们的助人行为，如与未受排斥相比，被排斥的被试会捐赠更少的金钱，并且更少地与他人合作。除了表现出攻击或反社会行为，被排斥者还可能做出一些不道德的行为，Kouchaki 等（2015）通过主管与部属配对的方式检验了工作环境中的排斥经历与不道德行为的关系，研究发现，感受到越多排斥的被试越倾向于实施不道德的行为，而生理唤醒经历促成了这一关系的产生。

以往研究虽然表明，社会排斥能够导致人们的攻击与反社会行为，但追求稳定、良好的关系仍是人们的基本需求之一。Maner 等（2007）认为，社会排斥会引起人们人际关系的重构行为，即社会排斥的存在，使得人们需要更积极地与新的关系资源进行交流、互动，从而促使新的关系形成。他们指出，社会排斥能够增加被试结交新朋友的需求，并且希望通过服务组织帮助其与他人建立联系。在与他人共同工作的实验中，Maner 等（2007）同样发现，归属需求受阻（即受到社会排斥）能够增强人们与他人重新建立联系的愿望，他们渴望与他人共同工作，而未感受到痛苦折磨的被试，并未表现出与他人共同工作愿望的提升。通过对动机的分析，Maner 等（2007）发现，人们愿意与他人重新建立联系的原因在于，受到拒绝的个体更愿意认为其他人是热情友好的，这种感知使得被排斥者愿意付出努力而尝试重新获取归属感。另外，他们也发现，受到排斥的被试会对新伙伴给出更正面的评价并分配给他们更多的金钱奖励。Maner 等（2007）的研究进一步证明了归属感在满足人们基本需求方面的重要性，当归属需求受到威胁时，人们会寻求新的方式去满足这一受到威胁的需求，即社会关系的重构。

综上分析，心理学中有关社会排斥的研究集中于关注社会排斥对被排斥者的认知、情感及行为所产生的影响。受到排斥后，被排斥者的认知能力会下降，认知能力的下降可能又对人们的后续行为产生影响，而被排斥者的情感则不一定会受到社会排斥的影响。在社会排斥对被排斥者的影响方面，心理学领域的研究相对较为成熟，研究成果也相对较多，由于本书更多关注的是被排斥后消费者的消费行为，因此，心理学领域社会排斥的研究成果为本书的消费行为学领域的研究提供了更多及更科学的借鉴与理论基础。

2. 对排斥发起者的影响

以往研究更多关注了社会排斥对于受到排斥的个体（即被排斥目标）的影响。而从排斥发起者角度研究社会排斥对于排斥来源影响的研究相对较少（Poulsen 和 Kashy，2012）。

Zadro、Williams 和 Richardson（2005），Ciarocco、Sommer 和 Baumeister（2001）均使用同盟者的方式对排斥发起者的反应进行了研究。Zadro等（2005）让参与者要么扮演排斥发起者或争论发起者，要么扮演争论或排斥目标。研究发现，与目标相比，发起者通常会有更强的心理需求，不那么严重的负面身体反应，并且与争论发起者相比，这一结果更会表现在排斥发起者中，但是，如果排斥的目标是各群体成员均不想要的成员时，发起者则会感受到群体凝聚力的增强。Ciarocco等（2001）将参与者随机分配到与同盟者随意交谈的一组或在交流中尽可能保持沉默的一组，检验了排斥目标（同盟者）的影响。研究涉及一个发起者和一个目标时，研究发现，发起者会体验到更多负面情绪，但是当排斥发生于人数更多的群体时，发起者则不会体验到更多的负面情绪。他们进一步指出，根据社会影响理论（Latané，1981）和责任扩散过程（Latané和Nida，1981），与两人群体相比，当排斥出现于人数更多的群体中时，发起者会认为他们的行为获得了社会支持，因此不会令发起者产生更多负面情绪，并且与其他人员交谈的机会可能使发起者更易于减少与目标对象的交流。

Sommer等（2001）基于被试对其排斥他人行为的回忆，研究发现，排斥发起者会体验到更复杂的心理过程，发起者需要花费大量时间为其社会排斥行为或决策进行辩解。Williams、Shore和Grahe（1998）也指出，与被排斥者相比，排斥发起者的心理需求同样会受到威胁。

Poulsen和Kashy（2012）则采用视频和音频的方式，从两个视角分析了排斥发起者与排斥目标怎样看待排斥情境中的双方以及作为个体的自身。研究发现，排斥发起者与被排斥者均会受到社会排斥的负面影响，如负面情绪的产生。通过对原因的分析发现，受到排斥的个体会觉得排斥源于排斥发起者不公平的对待，并因此而感到更为气愤（被排斥者体验到更多的愤怒与挫败感）。而发起者负面情绪的产生则源于其对社会交往规范违反的感知，并因此而感到尴尬和内疚（发起者体验到更多的内疚感）。这也表明，社会排斥产生时，排斥发起者同样要付出一定代价。虽然双方均会产生负面的情绪体验，但是与发起者相比，被排斥者仍会体验到更强的负面情绪，即社会排斥对于被排斥者的影响更为显著。

综上分析，社会排斥不仅会对被排斥者产生影响，也会对排斥发起者产生影响，排斥发起者可能会感到内疚自责等，但是如果排斥的产生不只是源于某一个个体，那么排斥发起者可以寻找到更为合适的理由，将排斥行为合理化，从而影响其情绪及行为反应。可能由于排斥发起者具有相对占优的心理优势，因此，研究者对被排斥者的反应予以了更多关注，而社会排斥对于排斥发起者影响的研究相对较少。

3. 社会排斥的影响机制

早期研究者对于社会排斥的分析，强调的是经历社会排斥后人们所产生的不同行为反应。随着研究的深入，研究者开始关注引起人们不同行为反应的根本原因。

Baumeister、Twenge 和 Ciarocco（2002）指出，由于社会排斥会导致情感麻木，认知负荷及自我调节缺失（Twenge 等，2003），因此，社会排斥会消耗人们克制攻击性的冲动及抵抗群体压力的能力，资源的消耗进而导致人们的攻击行为。Twenge 等（2001）指出，尽管这一假设为社会排斥的亲社会行为及反社会行为表现提供了一定解释，但并不足以解释社会排斥所引起的多种亲社会行为，如从众行为（Williams 等，2000）、社会补偿行为（Williams 和 Sommer，1997）、无意识模仿行为（Lakin 和 Chartrand，2005）、社会信息注意力及处理能力提升行为（Gardner 等，2000；Pickett 等，2004）等。

Warburton 等（2006）具体分析了社会排斥所引起的攻击行为的原因，研究发现，剥夺控制感后人们更倾向于表现出攻击行为。实验中，Warburton 等（2006）将被试分配给陌生人的辣椒酱作为攻击性行为的表现，研究发现，剥夺控制感后，被排斥的被试给其他群体分配了更多的辣椒酱。恢复他们的控制感后，被排斥与未被排斥的被试分配给其他群体的辣椒酱则无显著差别，因此，控制感会影响被排斥个体的攻击性行为。

Pickett 等（2004）则认为，感受到社会排斥威胁时，人们会提升对社交线索的感知敏感性，其研究表明，高归属需求的参与者能够更快地在斯特鲁普任务（Stroop Task）中区分出更具吸引力的面部表情与嗓音音调。然而，其研究并未明确指出排斥是否会促使人们对积极的社会接纳信号表现出更高的感知敏感性。而 DeWall 等（2009）的研究发现，在排斥认知的早期阶段，人们就已经开始关注相应的排斥信号。

从个性特征角度，社会排斥的影响与个体的亲和性及拒绝敏感性有一定相关性。Buckley 等（2004）发现，亲和性可以很好地预测正面的行为反应（如快乐、他人的正面评价、亲社会倾向），而拒绝敏感性则可以很好地预测负面的行为反应（如愤怒、悲伤、情感伤害、焦虑、他人的负面评价、反社会倾向）。具体来说，亲和性激活了情感系统中的积极情感部分，而拒绝敏感性则激活了情感系统中的消极情感部分。不同特征的存在，使社会排斥产生了不同的影响。Molden 等（2009）的研究表明，被排斥的个体更可能表现出预防聚焦，脱离社会关系，并且考虑那些他们本不应该实施的行为，而被忽视的个体更可能表现出促进聚焦，重新参与社会联系，并且会考虑他们应该实施的行为。个体会将被忽视看作一个信号，该信号表明人们可能面对被排斥的风险，为规避风险他们会产生尝试重新联系的适应性反应。

从需求角度分析，以往研究者更多的是基于人们对归属需求的追求去分析社会排斥的影响机制（Mead 等，2011；Maner 等，2007；Loveland、Smeesters 和 Mandel，2010）。归属感的威胁激活了人们的依恋系统，从而使人们产生不同的行为表现（Troisi 和 Gabriel，2011），而社会排斥不仅与人们的归属需求相关，与人们的其他基本需求也具有一定相关性。Williams（1997，2001）指出，社会排斥除了受归属感的影响外，还会受到控制感、自尊感及存在感的影响，并基于此提出了需求—威胁模型，他指出人们受到社会排斥后，被排斥者在经历负面情绪、愤怒并且产生相应的生理反应的同时，也会激起被排斥者的情感、认知和行为反应，并通过改变行为以期重新获取和修复需求。被排斥者会尝试与排斥来源重新联合，改善其融入性状态，以修复其自尊与归属感。例如，排斥目标会向排斥来源道歉，即使被排斥者并不知道其被排斥的原因。如果修复成功，社会融入的恢复则会提升被排斥者的归属与自尊感。除此之外，排斥会增加社交相关信息的记忆（Gardner、Pickett 和 Brewer，2000），这一发现与归属感相一致。相反，如果修复的是控制和存在感，被排斥者则不会太关心他人对他们行为的评价。为了获得注意，他们会向他人施加不必要的控制或采取挑衅的方式，而不考虑他们在这一过程中是否被喜欢。在此种情况下，尝试对排斥来源施加控制或将其注意力转移到自己身上的方式会强化被排斥者的失败或愤怒感或导致更进一步的被排斥。根据权力接近/抑制理论（Keltner、Gruenfeld 和 Anderson，2003），Narayanan、Tai 和 Kinias（2013）检验了排斥后权力对于推进社会联系建立的重要作用。四个实验研究发现，受到排斥后，相对于低权力者，高权力者更倾向于与他人进行社会联系。更具体地，受到排斥后，相对于低权力者或未启动权力者，高权力者更为主动地去寻找新的社会联系，而寻求社会联系的倾向仅限于遭受排斥的情境下，对于未受到排斥的个体，他们则不会去寻求社会联系，接近导向在权力与联系他人的倾向间起到中介作用。

有关社会排斥影响机制的研究主要从需求受到威胁的角度对其影响进行了分析，研究认为归属感、控制感、自尊感及存在感的缺失会使人们产生不同的行为表现，当人们这些需求得以恢复后，社会排斥则不会对人们产生不利的影响。而也有学者认为，社会排斥所引起的人们自我调节能力或自我控制能力的下降以及人们个体的差异性使人们产生了不同的行为反应。因此，在某种程度上可以针对相应的因素进行分析，从而有效规避或者利用社会排斥的影响。

综合社会排斥的影响及影响机制的分析，可以看出社会排斥会产生两种反应：一方面，排斥可以启动行为，以增加个体重新融入排斥其的原有群体或者表现出关系重构行为，即渴望被一个新的群体所接受；另一方面，社会排斥会导致个体产生攻击或反社会行为，而攻击或反社会行为则可能导致他们受到更严重的排斥（Williams、Case 和 Govan，2003）。对于这两种反应，Williams 等（2003）提供了两种解释：①两种对立的力量在被排斥的个体中被激活：归属感和自尊感的威胁将个体拉向修复融入性状态；控制感和存在感的威胁将个体推向挑衅性行为以吸引他人的注意力。在某种程度上，负面印象更易于产生效应，因此反社会反应会更快地产生，而这一反应将会降低其融入的可能性。②两种反应均出现于个体中：根据 Wilson、Lindsey 和 Schooler（2000）的双重态度模型，一种态度是明确的，表现为对少数群体的宽容与喜爱，而同时对同一少数群体也存在怨恨和厌恶的隐含态度。根据所激活的不同态度，人们会表现出平等主义或偏见。Williams 等（2003）同样认为，经历过排斥的个体可能表现出内在伤害、愤怒和怨恨。如果允许或鼓励这些倾向，他们将表现出反社会、不友好和竞争性倾向。而外显层面，他们会注重其在他人心目中的印象，去修复与排斥群体或新群体的关系，因此，会表现出无私和关注他人。

以往学者有关社会排斥的研究多基于社会心理学，社会心理学承认排斥的重要性，但却并没有真正检验其产生的原因和结果，研究者从顺从、旁观者冷漠、服从、合作和团体间冲突等方面对社会排斥进行了解释（Williams 等，2003）。然而，对被排斥者分析的重点集中于社会排斥所产生的影响，对于引起社会排斥的研究则缺少足够的深入论证分析。Williams（2007）等强调需求的重要性，认为需求的满足可以缓解社会排斥的负面影响，而 Richman 和 Leary（2009）则认为需求影响固然重要，但是受到排斥威胁时，人们会对排斥进行不同的解释，依据不同的解释，使被排斥者产生了三种动机，包括受到排斥后的亲社会动机、退出或规避动机、反社会动机，这三种动机可能是也可能不是同时产生的，并且主导了人们的行为反应，最终可以对人们的心理与生理健康做出预测。Richman 和 Leary（2009）指出社会排斥具有一定复杂性，不同的行为反应可能产生不同的收益与成本，因此人们的三种动机可能相互竞争，如被拒绝的个体可能既想要重新获取接纳，也希望对排斥他的人进行报复，或者避免进一步的社会联系。根据人们的多种动机，他们提出了社会排斥反应的多动机模型，如图 2-1 所示，可以看出，对于排斥的多种解释使人们产生了不同的动机，有的解释强化了动机（实线），有的则弱化了动机（虚线）。由此看到，社会心理学领域对社会排斥的研究较为成熟，而近几年，消费行为学研究领域已开始关注经历过或受到社会排斥的人，其在产品或品牌选择行为方面所产生的不同表现，即为了满足其不同需求，被排斥者会产生不同的消费行为。

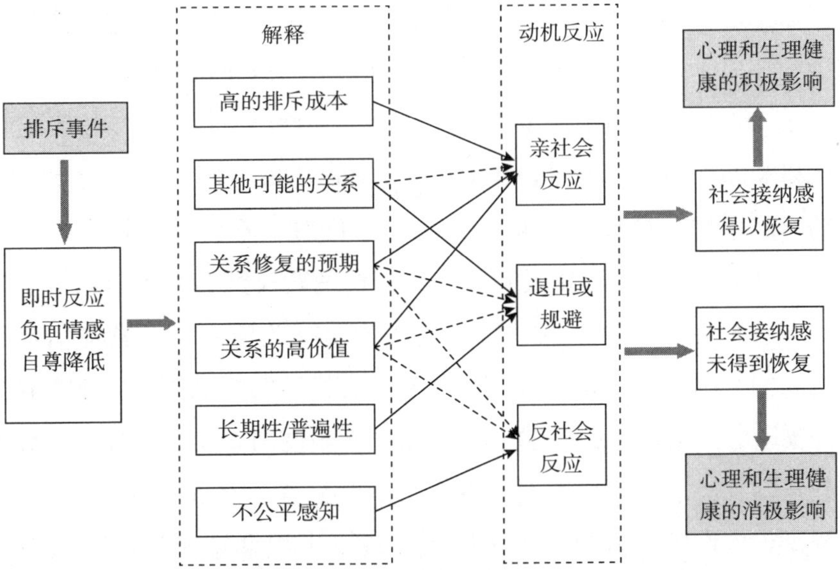

图 2-1　人际排斥经历的多动机模型

注：实线表示具有正向关系（+），虚线表示具有负向关系（-）。

资料来源：Richman L. S.，Leary M. R. Reactions to Discrimination，Stigmatization，Ostracism and Other Forms of Interpersonal Rejection：A Multimotive Model［J］. Psychological Review，2009，116（2）：365-383.

（四）社会排斥对于消费行为的影响

社会排斥会使个体对其自身价值、自尊、存在感等感受到威胁，为降低或消除威胁的影响，人们会有不同的行为表现，要么重新归属于排斥其的群体，要么寻找到新的可以接纳他的群体。在这一过程中，被排斥者可以借助所消费产品的象征性实现不同的目的。消费的象征属性往往被人们认为是一种向他人传递信息的方式（Ball 和 Tasaki，1992；Belk，1988；Berger 和 Heath，2007；Escalas 和 Bettman，2003，2005；Levy，1959；Muniz 和 O' Guinn，2001；Ratner、Kahn 和 Kahneman，1999；Richins，1994；Shavitt 和 Nelson，1999）。当人们希望给他人留下好印象或便于进行社会交往时，包括产品或品牌的消费更有助于人们实现这一目标（Argo、White 和 Dahl，2006；Berger 和 Rand，2008；Griskevicius 等，2007；Ratner 和 Kahn，2002；White 和 Dahl，2006，2007）。例如，为展示男子气概的自我形象，男性在公众场合选择牛排时，不太会选择女性的分量（White 和 Dahl，2006）。由此可知，人们的消费决策会受到自我展示动机的指导，有时会将消费作为一种向他人传递有关他们自己特殊信息的方式。当人们经历过社会排斥或害怕受到社会排斥的影响时，出于自我保护的心理需求，一方面，人们除了在行为方面表现出归属需求外，也会借助一些外显的物品或消费以表明其群体归属性；另一方面，如果归属需求得不到满足，人们则会借助一些独特或具备一定炫耀功能的产品或消费以吸引他人的注意。因此，社会排斥能够影响甚至改变消费者的消费决策。近几年来，社会排斥对消费者购买行为的影响得到了众多学者的广泛关注。

从社会排斥影响的角度，社会排斥会导致人们产生归属行为或攻击行为，然而，从消费者行为角度，出于归属的需要，消费者更倾向于选择那些能够表明其群体成员资格的产品或品牌（Mead 等，2011）。Mead 等

(2011)通过实验检验了归属威胁对于消费者行为的影响。研究发现，与控制组相比，被排斥的参与者更可能购买象征群体成员资格的产品(而不是购买实用性物品或产品作为自己的礼物)，为迎合交往伙伴的偏好而改变自己的偏好，购买自己不喜欢而同伴喜欢的食物，甚至愿意尝试违禁药物，出现这些行为的原因仅限于尝试通过这些行为去重新获取社会联系的机会。他们的研究表明，人们愿意为了获取社会幸福感而去牺牲个人和财富保障(Mead 等，2011)。Mead 等(2011)的另一研究则表明，社会排斥会导致消费意愿的增加，与未受到排斥相比，受到排斥的被试对于能够显示其地位与资源的产品花费更多，同时，买给自己的产品也会花费更多。然而，社会排斥并不会导致他们对实用产品花费的增加。

Ward 和 Dahl(2014)将品牌销售人员作为品牌的代表，从品牌零售商角度分析了品牌销售人员对消费者的排斥对于消费者品牌选择的影响。研究发现，如果是消费者非常渴望获得的品牌时，销售人员表现得越排斥，越能增加消费者对其渴望品牌或产品的购买意愿。归属需求的存在促使消费者选择合适的品牌产品以归属于参照群体，在这一归属过程中，消费者会基于不同原因选择不同的品牌产品(Dommer、Swaminathan 和 Ahluwalia，2013)。Dommer 等(2013)将消费者所选择的品牌划分为横向品牌(Horizontal Brand)与纵向品牌(Vertical Brand)两类，分析了被排斥者的产品选择策略。横向品牌其品牌差异化表现在消费者个性、品位及特征等方面，纵向品牌的差异化则体现在消费者在群体中所处地位的差异性。Dommer 等(2013)的研究表明，与控制组相比，低自尊消费者受到排斥后更倾向于选择横向品牌产品，而低自尊消费者融入群体后更倾向于选择纵向品牌产品。具体分析消费者不同类型品牌产品选择，其选择机制在于低自尊消费者受排斥后，希望通过横向品牌产品的选择寻找到排斥其大群体中的小群体成员所使用的品牌或产品，以满足其未被排斥的感觉。而接受了受到排斥影响的个体后，由于群体领袖或具有权力的个体有权决定谁是群体需要排斥的个体，因此，为了确保未来的归属感，受排斥者会寻求能够表明其群体地位的纵向品牌，地位的获取在某种程度上能够降低其未来的排斥威胁。而对于高自尊消费者而言，排斥与否不会显著影响其对品牌产品的选择。

从社会排斥影响机制角度，Lee 和 Shrum（2012）从拒绝和忽视两种具体的社会排斥表现形式出发，具体分析了社会排斥所导致的消费者不同行为产生的原因。社会排斥会威胁人类的四种基本需求（Williams, 2007），基于 Williams（1997，2001）所提出的驱逐模型，基本需求受到威胁后，社会排斥会产生自我关注或亲社会行为反应。由于人们的不同需求受到不同表现形式的社会排斥的威胁，因此，为缓解被威胁的不同需求，消费者会产生不同的消费决策，进而表现出不同的消费行为。Lee 和 Shrum（2012）指出，被忽视者会增加炫耀性产品的消费，而被明确拒绝者则会更多地实施帮助或捐赠行为。然而，具体研究其内在机制发现，强化功效需求（权力及存在感）后，被忽视者的炫耀性消费与未强化组相比无显著差异，而强化关系需求（自尊感）后，被拒绝者的帮助或捐赠行为与未强化组相比无显著差异。因此，不同表现形式的社会排斥会产生不同的效应，拒绝会增加消费者的亲社会行为反应，而忽视则会增加自我关注并希望吸引更多的注意力，不同效应影响了人们在消费行为领域的产品选择行为。

Wan、Xu 和 Ding（2014）则指出，尽管现有研究表明受到排斥后，人们会表现出寻求一致性或偏离性，即选择能够归属于排斥群体的产品或选择偏离排斥群体而归属于其他新群体的产品，但研究者们并未清楚解释不同效应出现的时机及原因。Wan 等（2014）证明了被排斥者对独特性产品的偏好，与原因可以改变相比，当被排斥者发现其被排斥的原因不可以改变时，与融入者相比，其对独特性产品会产生更高的偏好，而产生这一偏好的原因在于消费者感知的独特性。研究三又进一步证明，当被排斥者的自我观念通过自我肯定得到提高后，其独特性产品的偏好得以增加。

社会排斥还会降低人们的亲环境消费，其原因在于社会排斥降低了消费者对他人的移情关注（Naderi 和 Mead，2014）。Naderi 和 Mead（2014）通过实验研究的方式发现，社会排斥会降低人们对亲社会环境的选择，而这一选择更多地出现在低移情反应的群体之中。另一研究中，他们又进一步分析了被排斥者是否会将亲环境产品作为归属工具。由于受到排斥的个体更关注与他人的关系重建，因此，社会排斥应该不会影响人们对那些能够体现人际交往关系的亲环境产品的购买意愿。实验中，参与者评价了环保的台式电脑（家庭中个人使用）或者环保的笔记本电脑（完成小组项目时与同组成员共同使用），产品在质量与性能方面是完全相同的。结果表明，与未受到排斥相比，受到排斥的被试不太愿意购买环保的台式电脑。然而，在笔记本电脑的条件下，排斥的不利影响未得以明显表现。换一个角度分析，与私人使用的台式电脑相比，受到排斥的被试对于公众能够看到的笔记本电脑表现出了更高的购买意愿。然而，对于未受到排斥的被试，其电脑购买意愿不会因产品的公开可见性与否而表现出差异。最后，当向被试展示一款绿色省油的环保型汽车模型时，向被试表明模型拥有者要么显示出社会利益（很友善、很有爱心、很无私），要么显示出实用利益（很节俭、精打细算、注重性能），结果发现，与实用利益相比，受到排斥的被试对社会利益的产品表现出更高的购买意愿，而未受到排斥的被试则表现出相反的结果，并且对个体的亲环境态度（Haws 等，2010）进行控制后，同样的结果也会出现。Naderi 和 Mead（2014）指出，当绿色消费能够带来自身成本及他人利益时，排斥会降低人们承担成本的意愿，但是当绿色消费能够确定带来社会回报时，受到排斥影响的个体则会被诱惑，表现出对绿色产品的积极态度。

从社会排斥应对角度，归属需求是消费者积极主动寻求的目标，此时消费者会寻求其以往使用或消费过的产品以寻求归属感。Loveland、Smeester 和 Mandel（2010）指出，与归属需求未被激活的参与者相比，被排斥的参与者归属需求被激活后，如过去流行的电影、电视节目、食物、汽车等怀旧产品的选择会增加，而当消费者消费过此类产品后，其归属需求则与未受到排斥的参与者相同。因此，受到排斥后，消费者更偏爱怀旧产品，怀旧产品更容易满足消费者的归属需求。

综上所述，消费行为学领域中，有关社会排斥对消费者品牌及产品选择的研究已有所涉及，受到社会排斥或有过社会排斥经历的消费者更偏爱怀旧产品（Loveland 等，2010），更可能购买象征群体成员资格的产品（Mead 等，2011），更关注品牌个性（Swaminathan、Stilley 和 Ahluwalia，2009）。如果消费者被排斥的原因可以改变，则消费者对于社会排斥的应对会表现出对能够强化其与群体联系产品的依恋（如群体内品牌的选择），例如，感觉受到小组成员排斥的运动员更可能选择耐克的运动鞋以表明其小组的归属性。如果消费者被排斥的原因不可改变，消费者的归属需求得不到满足，独特性需求则成为消费者产品或品牌选择的依据，通过独特品牌或产品的选择以实现其差异化。然而，由于归属需求属于人们的基本需求，从长期来看，受到排斥的消费者仍倾向于通过产品或品牌选择等方式满足其归属需求。即使消费者选择了差异化的产品，差异化的产品从长期来看，仍表明消费者想要归属于另外的其他新群体需求。因此，受到排斥的消费者可能通过不同方式满足其归属需求。作为归属方式之一的产品或品牌选择，不仅包括炫耀性产品的选择、怀旧产品的选择、表明群体成员资格产品的选择，还包括独特产品的选择等。根据 Richman 和 Leary（2009）的解释，人们所做出的不同消费行为与其动机有一定相关性，而这又源于人们对排斥的不同解释。

二、炫耀性消费相关研究

炫耀的含义之一是显扬、夸耀，特意强调自己的某种优势（含表扬自我）以吸引他人注意。然而将炫耀用于消费情境中时，炫耀强调的则是通过奢侈的或浪费的消费去提升社会声望。依据对美国富人将很大一部分时间和金钱花在不必要的和非生产性休闲支出的观察，Veblen（1994）使用炫耀性消费这一概念描述了这一行为，他认为炫耀具有目的性，通过炫耀可以显示人们的财富与权力，并且他认为炫耀性行为是人们的一种为达到地位提升目的而采取的故意的行为。

早在 Veblen 提出炫耀性消费之前，人们就已经通过炫耀性消费或金钱花费表明其成功。原始社会中，男性将占有女性或奴隶作为其地位的象征。希腊贵族花费离谱的金钱观看昂贵的角斗士角斗（Finlay，1973），古波利尼西亚人也存在同样的奢侈花费（Leach，2003）。原始封建社会中，夸耀的动力是以金钱、军事及源于贵族命令的政治力量为特征的（Page，1992），炫耀的主要对象则是奴隶、食物、服饰及住房（Mason，1981）。随着社会的发展，尤其是营销活动的出现，生产活动失去了优势地位，生产与消费活动发生了逆转，消费活动只是一种手段，通过这种手段人们可以自己定义他人的形象，也可以向他人定义自我形象。借助消费人们可以表明自我形象，此时，消费者开始认为自己是市场主体，可以像产品那样被定制、生产、定位及促销（Firat，1995）。自我及社会形象重要性的关注促进了人们对具有象征性意义的产品的购买与消费（Zaltman 和 Walenorf，1979）。产品成为人际交往的媒介，产品象征性更多地被用来作为消费者自我概念对外表达及与社会联系的工具（Elliott 和 Wattansu-wan，1998）。Firat（1991）认为，消费已成为一种自我实现及自我认同的方式，消费者不再仅是消费产品，更多的是消费这些产品的象征意义（Cova，1996）。产品象征意义的出现，促成了产品价值的差异化，为消费者炫耀性消费的实现提供了物质基础。

（一）炫耀性消费的定义

尽管目前炫耀性消费已成为人们消费行为的重要表现形式之一（卢

丽等，2006），但是消费行为学领域中，炫耀性消费仍是一个相对未被探索的构念（Chen、Yeh 和 Wang，2008），学者们对其内涵仍未达成统一的认识（Shukla，2008）。

Veblen（1994）指出，炫耀性消费是消费者为了向某一社会阶层展示其等级或地位而购买的产品，并且为反映人们声誉的可信度，炫耀性消费的对象必须是浪费的或无实用价值的。Mazzocco（2012）也认为炫耀性消费是消费者对于有信号价值、昂贵的具有地位含义产品的购买。Page（1992）从财富展示角度，认为炫耀性消费是人们为了获取或维持地位或威望而夸耀地展示财富，借助财富展示获取他人的认可与自我的心理满足感。更进一步，Chen 等（2008）指出，人们通过炫耀性消费获取认可或声望时，不仅可以向参照群体进行财富的夸耀，还可以借助象征性物品进行夸耀。他们将炫耀性消费定义为“人们借助公开消费可见产品的方式向其重要参照群体展示其社会地位、财富、品位或自我形象的行为倾向”，并将炫耀性消费分为渴望群体炫耀、独特性炫耀、从众性炫耀、地位炫耀四个维度。Chaudhuri 和 Majumdar（2010）则从独特性角度对炫耀性消费进行了解释，他们认为炫耀性消费是一种故意的行为涉及象征性及可见的购买、拥有及产品使用，购买、拥有及使用行为均以稀缺的经济和文化资产的出现为特征，其目的是向重要他人传递自己形象的独特性。因此，Chaudhuri 和 Majumdar（2010）认为，炫耀性消费是一种与生俱来的特质，一个能够激发消费者为了借助产品选择和使用展示其独特性而参与可见物品消费的个体变量，炫耀性消费并不是一个简单的态度变量。Marcoux、Filiatrault 和 Cheron（1997）通过对波兰年轻消费者对西方产品态度的研究，提出了炫耀性消费的五个维度，包括物质享乐主义、从属或脱离一个群体的信息、社会地位展示、人际关系的媒介、卖弄夸耀。

根据 Veblen 对炫耀性消费的界定，Thompson 和 Norton（2011）指出炫耀性消费意味着人们对奢侈品的购买及对于这些产品的炫耀性展示以表明他或她的财富。这些炫耀性消费行为在产品选择方面有多种表现形式：

①品类间的炫耀性消费，消费者会购买其他人不能进入的产品类别内的产品（如私人飞机、有某人名字的超高层大楼）。②品类内的炫耀性消费，消费者会购买同一产品类别内的但不同价格水平的产品，当一个人购买宝马汽车时，他的邻居只能买得起丰田汽车。③产品内的炫耀性消费，消费者会购买那些拥有能够显示出社会效用的多个属性的同样的产品。

目前学术界及营销实践者普遍认为炫耀性消费与购买昂贵的奢侈品或地位产品具有一定相似性。然而，后现代社会及当代社会经济的研究已表明，面对扩大的大众消费，炫耀性消费已表现出多样化的构念，营销人员并不能将炫耀性消费仅局限于奢侈品的消费（Chaudhuri 和 Majumdar，2006）。Chaudhuri 和 Majumdar（2006）认为，人们会选择及展示任意产品，只是为了表明与其他消费者的差异性，而不是展示他们的财富或社会地位。另外，研究者也表明，在购买图书、玩具及服装方面，消费者具有一定从众性，而选择饼干时则表现出独特性（Amaldoss 和 Jain，2005），这些物品并不是奢侈品，并且独特性产品的选择也表明消费者在某种程度上具有一定炫耀性。Gierl 和 Huettl（2010）也指出，炫耀性消费不应局限于传统意义的地位与财富的展示，消费者借助产品的选择或使用可以满足不同的社会需求。例如，人们可以借助产品满足他们的归属需求，提高他们的人气，获取尊重、钦佩及嫉妒。消费者也可以选择某些产品去规避批评及获取领导地位（Mason，1984；Wong，1997）。以炫耀性消费多样化的表现为依据，Gierl 和 Huettl（2010）提出了一个扩展的炫耀性消费模型，如图 2-2 所示。

（二）炫耀性消费的效应

从经济学角度，Leibenstein（1950）考虑到消费的外部性，结合人们的消费动机将消费者对商品与劳务的需求划分为两类：功能性需求与非功能性需求。消费者进行消费决策时只考虑商品和劳务的内在品质，不受其

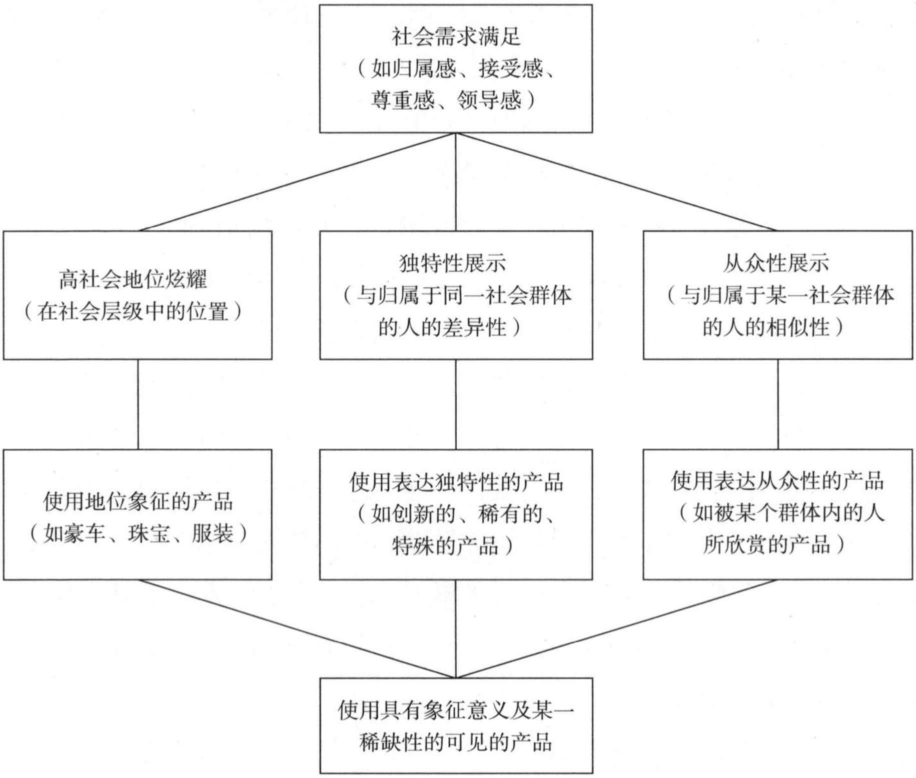

图 2-2 炫耀性消费目的—手段模型

资料来源：Gierl H.，Huettl V. Are Scarce Products Always more Attractive? The Interaction of Different Types of Scarcity Signals with Products' Suitability for Conspicuous Consumption［J］. International Journal of Research in Marketing，2010，27（3）：225-235.

他消费者决策的影响，就属于功能性需求。相反，消费者决策时不考虑商品和劳务的内在品质，就属于非功能性需求。Leibenstein（1950）指出，外部效应所引致的需求是非功能性需求中最重要的需求，他将这些外部效应分为从众效应、势利效应与凡勃伦效应。

根据 Leibenstein（1950）及 Veblen（1994）的分析，消费者炫耀性产品消费的出发点并不在于对其内在品质的考虑，因此炫耀性消费属于非功能性需求，对非功能性需求产品的消费行为一般具有从众效应（Bandwagon Effect）、势利效应（Snob Effect）与凡勃伦效应（Veblen Effect）。从众效应表现为人们对一种商品的需求随着他人购买这种商品的增多而增多，从众效应表明消费者的产品购买行为往往是为了表现与他人的一致性或者是追求潮流，或者是借助产品的购买进入“拥有类似物品的圈子”。势利效应的表现则与从众效应正好相反，消费者更多地追求差异性与独占性，显示出自己与他人或群体的与众不同，消费者商品购买欲望随他人商品购买量的增加而降低。与前两种效应不同，凡勃伦效应则表现为商品价格越高，消费者的购买欲望越强。三种效应存在一定差异性，从众效应与势利效应更多地从其他消费者产品购买量的角度进行分析，而凡勃伦效应则强调价格对于消费者购买的作用。但是，Leibenstein（1950）也指出，除了三种效应外，还存在决定消费者需求的价格效应。虽然从众效应与势利效应的出现依赖于其他消费者的产品购买量，但是价格也会影响消费者的购买行为。价格效应如果强于凡勃伦效应，价格上升所导致的价格效应和从众效应会降低消费者对产品的需求量，相反，凡勃伦效应和势利效应则会使消费者的产品需求量得以提升。同理，凡勃伦效应如果强于价格效应，价格上升则会导致消费者购买欲望更强，从众效应的存在会提升消费者对产品的需求量，而势利效应的存在则会降低消费者的产品需求量。

若是将奢侈品的使用看作炫耀性消费，那么对于奢侈品的追求可能表现为从众效应，因为大部分人都渴望拥有奢侈品以证明自己的财富及地位，借助奢侈品的象征性来表明人们渴望或者已归属于某一群体。同样，奢侈品中也存在能够体现差异性的品牌或同一品牌中的不同产品，因此奢侈品的追求也具有一定的势利效应，借助这类特殊奢侈品的使用可以表明拥有者可能不希望归属于某一群体，或者在某一群体中表现其独特性。对于凡勃伦效应，则表现为价格越高，某些人对这些产品的购买欲望越强，其购买欲望是由高价格所驱使的，并伴随一定的从众效应或势利效应。

从炫耀性消费的从众效应和势利效应可以看出，炫耀性产品不仅包括价格较高的奢侈品，还包括一些表现出拥有者独特性的差异性产品。差异性产品也可能涉及某些小众的奢侈品，但是可能还有其他一些不太常见的品牌或产品。根据对炫耀性消费文献的分析，研究者在对炫耀性消费进行分析时，并未过多强调应该使用奢侈品还是普通产品。炫耀性消费的研究中多用奢侈品作为研究对象（Berger 和 Ward，2010；Griskevicius 等，2007；Rucker 和 Galinsky，2008；Sundie 等，2011；Wang 和 Griskevicius，2014），但也有学者的研究对象选择的是不同品牌标志大小或品牌标志有无的普通产品（Lee 和 Shrum，2012；Wilcox、Kim 和 Sen，2009）。因此，本书后续有关炫耀性产品的购买倾向的分析均采用品牌标志或者价值相对较高的奢侈品。

（三）炫耀性消费的动机

1. 信号价值的追求

如果炫耀性消费涉及高价值物品的选择或使用，Grafen（1990）和 Zahavi（1975）均认为可以用高成本信号（Costly Signals）理论去解释这一行为。高成本信号理论表明，人们经常从事需要付出代价的行为（如花费大量的金钱、能源、风险或时间），通过这些高成本的行为向他人发出信号，以引起别人的注意（Bird 和 Smith，2005；MacAndrew，2002）。与这一原则相一致，经济学家也认为炫耀性消费是财富的高成本信号，借助这一信号可以衡量人们的地位（Corneo 和 Jeanne，1997；Futagami 和 Shibata，1998）。由于收入不容易被他人觉察，为了表明财富状况，经济状况较差的人依然会选择炫耀性消费（Banerjee 和 Duflo，2007），他们认为通过这种方式可以操纵地位，以炫耀性消费的方式去引起他人关注，并借此获取通常只有精英层才能获取的利益与回报。

炫耀性消费是消费者宣示其财富的结果（Bagwell 和 Bernheim，1996；Corneo 和 Jeanne，1997）。如一些人购买 Ferrari（法拉利）只是因为大多数人买不起这么昂贵的车。因此，在信号相关的文献中，消费者会利用购买决策显示出那些不能被直接观察到的财富或地位等潜在变量。炫耀性消费往往体现在公开的环境中，人们大都认为公开环境的消费与物品使用是一种财富显示行为，人们可以通过他人的消费行为，推断出这些人的权力与地位。因此，正如 Veblen（1994）的分析，一些产品的效用是为了展示财富与权力，尽管经过了后现代主义的深化，这些夸耀与信号的动机在某些细分的消费者中仍很强烈。这些细分的消费者喜欢消费昂贵的物品，一方面，他们认为价值是显示财富与地位的媒介（Amaldoss 和 Jain，2005），另一方面，他们又高度重视价格，将价格作为权力与地位的代替品，因为他们的目的是引起他人注意（Impress Others）。Berger 和 Ward（2010）也认为，公开环境中的可见性在人与人交往中起到了重要的作用。消费本身不能保证被识别，但是消费越明显越容易引起他人关注，并做出他们想得到的推断。为向他人传递特殊的特征，人们有时会采用炫耀性的消费方式（Veblen，1994）。与这一研究相一致的，人们倾向于在公开可见的范围内传递身份（Belk，1988；Berger 和 Heath，2007），富裕家庭在可见产品上花费更多，如汽车与服装选择而不是内衣选择与洗衣服务（Heffetz，2007）。其他研究发现，只有当人们觉得可以在他们所在的群体中显示出差异性时才会在可见产品上花费更多（Charles、Hurst 和 Roussanov，2009）。可见产品的使用更多地体现了人们希望借助炫耀性产品的使用，向他人显示使用者的财富、权力与地位。

炫耀性产品的信号功能体现于人们对不同品牌标志产品的选择，通过不同大小品牌标志产品的选择，可以判断人们是否更倾向于进行炫耀性消费。与控制组和受到拒绝的被试相比，受到忽视的被试更偏好于品牌标志大的产品，或者更倾向于选择有大品牌标志的 T 恤（Lee 和 Shrum，2012）。考虑到人们的收入，Wilcox、Kim 和 Sen（2009）从产品的价值表达与社交价值追求两个角度分析了仿冒品情境下的消费者炫耀性产品选择，其中一个研究表明，被试对于以价值和社交两种方式描述的没有品牌标志的手袋的购买意愿并无显著差异，而对于有品牌标志的手袋，被试对以社交方式描述的产品的购买意愿更高。他们的研究表明，人们更多的是出于对社交价值的关注而选择了炫耀性手袋，即品牌标志可以向他人释放一个身份地位的信号。Rucker 和 Galinsky（2008）的研究发现，与高权力的被试相比，低权力的被试更偏爱有可见标志的高档衣服，低权力的被试希望借助炫耀性产品的使用表明其地位。然而，一些学者也认为真正有实力或者属于某个圈子的群体也会偏爱炫耀性产品，如奢侈品的选择，但是这些产品的标志却并不是很明显。如同样是 Rucker 和 Galinsky（2008）的研究，他们指出高权力的被试对于品牌标志明显的炫耀性产品并不感兴趣。Lee 和 Shurm（2012）有关社会排斥的研究也表明，当给予被试足够权力后，与未给予权力相比，被试对炫耀性产品的偏好会显著降低，即权力感的获取会降低炫耀性产品的信号功能。Berger 和 Ward（2010）的研究表明，真正属于某个圈子的个体更倾向选择信号不够明显的产品，并且只有圈子内的人才可以判断出这些非炫耀性产品的真正含义。因此，某些产品的信号功能只体现于某些特定的群体中，释放不明显信号的个体更倾向于在这些特定群体中寻求认同感。

人们不仅可以借助炫耀性消费向他人传递其财富、地位等信息，这些财富、地位等信息的传递，也成为人们寻求潜在交往对象的社交信号（Sundie 等，2011）。Griskevicius 等（2007）对炫耀性的研究发现，寻找伴侣的动机被激发后，与基本必需品相比，男性对炫耀性奢侈品的购买意愿会得到提升，而女性却不会产生炫耀性消费行为，但是寻求伴侣的动机却会增加她们公开情境中帮助行为的花费。Sundie 等（2011）将炫耀性消费看作一种社交信号，具体分析了该信号使用人群、使用情境及观察者对这一信号的解读。研究发现，并未打算在交往过程中投入过多资源的男性更倾向于进行炫耀性消费，通过炫耀性消费得到异性的关注，而炫耀性消费的动机是由他们短期交往动机所触发的，炫耀性消费强化了男性想要寻找短期交往对象的愿望。他们的研究也表明，向潜在的交往对象炫耀与地位相关的产品，不仅是经济资源的展示，而且炫耀性消费也可以被描述为关注短期交往更为准确的信号系统。Griskevicius 等（2007）与 Sundie 等（2011）的研究均指出，在寻求与异性交往的过程中，男性消费者更倾向于实施炫耀性消费行为，而 Wang 和 Griskevicius（2014）则从女性视角分析了女性消费者也会产生炫耀性产品消费行为，其目的在于通过向其他同性展示自己的财富与地位，表明其与交往对象关系的稳定性。他们指出，奢侈品可以作为一种信号，用于向其他威胁到恋爱关系的女性表明其地位的不可侵犯性。研究发现，保护伴侣动机的激活，会促使女性寻求和展示奢侈的物品，奢侈物品的展示会向其他同性表明其恋爱对象的忠诚度。同时，他们也发现，炫耀性的手袋及鞋子的使用能够有效阻止其他同性对其恋爱关系的破坏。

2. 产品本身物质价值或差异性的追求

炫耀性产品的信号价值更多的是从印象管理角度对炫耀性消费行为进行解释，人们借助炫耀性产品向他人显示出其财富、权力与地位，但是还有一部分研究并未考虑炫耀性产品的信号功能，而只是表明炫耀性产品可以满足人们对质量、工艺等产品本身物质价值的追求。Chaudhuri（2006）指出，消费者天生就存在炫耀成功、金钱、自我及财富的倾向。炫耀性产品不仅可以满足人们的物质需求，还可以满足人们对声望的社会需求（Belk，1988）。信号功能表现在人们对社会需求的追求，而物质需求则表明人们只是在有了足够的经济实力后，产生了炫耀性产品的购买需求。此类炫耀性产品可能表现为独特的差异性产品，Amaldos 和 Jain（2005）指出，人们会为了表现出与他人的差异性而购买不同的产品，这些差异性产品的选择并不是为了显示他们的财富或社会地位。Sundie 等（2011）的研究则表明，人们对于奢侈品的偏好，只是基于对该类产品构件或高超工艺技术的追求。

3. 自我完整性的追求

前人的研究除了强调不同社会原因驱使了人们的炫耀性消费行为，也有学者认为社会因素并不影响人们的炫耀性消费行为，他们认为个性或人类与生俱来就具有展示的动机，并更多地从心理学视角分析了炫耀性消费行为。Marshall（1964）指出，人们生来就具有炫耀性消费的欲望，炫耀性的欲望是人们最强有力的激情。同时，Rae（1905）认为炫耀性是人们为了表明虚荣心而产生的自我放纵的内在欲望，他指出，如果消费不具有炫耀性，就不可能满足人们虚荣的激情。Sivanathan 和 Pettit（2010）指出，处于自我威胁状态下的人会为了自我的弥补效应，而去消费被赋予地位象征的产品。受到威胁时，人们会故意向外围世界发出信号，以保证其自我内在心理的完整性（Baumeister，1998），人们也可以通过产品或品牌的选择帮助其建立自我概念（Saenger、Thomas 和 Johnson，2013）。Sivanathan 和 Pettit（2010）通过四个实验探究了人们潜在的炫耀性消费动机源于人们心理上对自我完整性的追求。借助现场与实验研究发现，处于自我威胁下的个体为抚慰他们的心理创伤会寻求高地位产品的所有权，如果寻找到其他修复自我完整性的途径，对于高地位产品的寻求就会减少。他们还指出，以美国消费者为代表，低收入群体的低自尊性，驱使他们更愿意购买高地位产品。最后，这些高地位产品可以保护自我，以避免今后的自我威胁。高地位产品的补偿作用对于消费者的购买决策与降低消费者负债的政策制定方面具有重要启示。Sivanathan 和 Pettit（2010）将地位消费看作一种炫耀性消费，他们指出虽然消费者经济上是非理性的，但是对于地位产品的炫耀性消费是一种保护自我免受潜在威胁影响的重要心理机能。

综上分析，学者们的研究从不同角度解释了炫耀性消费的动机，并且关于炫耀性消费信号功能的研究相对较多。将炫耀性消费作为一种信号，借助该信号可以吸引他人注意，同时，消费者对于炫耀性产品的追求，也可能是出于对质量及工艺的欣赏，如一些好的奢侈品牌，其功能、价值及文化内涵会使消费者追求此类产品。此外，炫耀性产品也是消费者追求自我完整性的一种方式，为缓解被威胁的状态或者防御威胁的发生，消费者倾向于借助炫耀性产品的象征意义以修复自我的完整性。炫耀性消费的几种动机可能同时存在，如炫耀性消费既是一种自我完整性修复的手段，也是一种信号的展示。本书对炫耀性消费的分析，更多的是基于心理学视角，认为受到威胁时，人们会故意向外界表明其特殊性、重要性等，借以实现其自我内在心理的完整性。

(四) 炫耀性消费的影响结果

研究者虽从几个角度对炫耀性消费进行了分析，但人们进行炫耀性消费的根本原因仍在于人们希望借助炫耀性消费释放出一定的信号价值，进而满足其财富、权力或地位的心理需求。部分学者进一步分析了炫耀性消费的结果。如 Nelissen 和 Meijers（2011）的研究表明，对于显示奢侈的人，人们更愿意服从并表现得慷慨大方，甚至为了获取归属感，他们愿意付出一些成本。在社会交往方面，扩展了前人关于炫耀性消费行为反应的研究，他们认为奢侈品展示可以为那些显示奢侈品牌的人带来更多优惠待遇，而不仅仅局限于人们所表现出来的服从姿态，炫耀性消费可以为他们带来更多的无形利益。他们通过实验研究表明，花费一定成本而进行的炫耀性消费，如穿高档或有品牌标签服装的实验人员，会被认为更有地位，更适合较好的工作，更容易获取被试更好的对待，也更容易向被试募集到更多的捐款。同时，被试也愿意转出更多的金钱给那些穿着较好的实验人员。更进一步地，他们分析了产生这一效应的内在机制在于炫耀性产品所体现的信号价值，人们只是根据外在的有奢侈品标签的服装去对他人形成感知，而这种感知往往是正面的。

Sundie 等（2009）研究了所使用的炫耀性产品出现问题时人们的表现。他们所选择的炫耀性产品主要是能够体现人们地位的产品，研究一中，被试对于两款有问题汽车（Mercedes CLK 与 Ford Focus）的评价表明，当地位产品出现问题时，人们会表现出幸灾乐祸（schadenfreude）并且更倾向于传播负面口碑。研究二通过两种不同方式描述了一款汽车，以炫耀性方式描述的汽车出现问题时，人们也会表现出幸灾乐祸，而这种幸灾乐祸本质上是由炫耀性所导致的嫉妒心理，进而使人们产生敌对情绪。

Scott、Mende 和 Bolton（2013）着重关注了消费者对他人炫耀性符号的解读，在消费情境中，分析了销售人员的炫耀性对消费者行为的影响。他们认为，消费者对炫耀性销售人员的推断会根据买家与卖家商业关系类型的变化而变化。他们以律师这一职业对炫耀性进行操纵，不管是借助外显的炫耀性表现（律师的穿着），还是显示出服务提供人员的年薪（律师的年薪），或是与服务人员交谈中服务人员所显示的炫耀性（律师的言谈），三个研究均表明，在公共准则条件下，消费者不太会购买炫耀性销售人员的产品或服务。具体分析其内在机理在于消费者对于炫耀性销售人员热情及能力的感知，影响了消费者的购买决策。对热情感知的研究发现，在公共准则条件下，对销售人员热情的感知会随炫耀性的增加而降低；但是在交易准则条件下，销售人员炫耀性与否并不影响消费者对其热情的感知。对于能力感知的研究发现，在交易准则条件下，对销售人员能力的感知会随炫耀性的增加而增加；但是在公共准则条件下，销售人员炫耀性与否并不影响消费者对其能力的感知。炫耀性的不同解读会使消费者对炫耀性销售人员产生不同的感知，进而影响其购买行为。然而出现说服知识后，消费者对销售人员炫耀性的解读则发生了改变，即在具备说服知识的条件下，产品或服务人员的炫耀性与准则不存在交互作用。与 Nelissen 和 Meijers（2011）的发现有所不同的是，Scott 等（2013）认为，借助外显炫耀性获得的好处是有条件的，公共准则下炫耀性会对销售人员热情的推断产生不利影响，而当消费者将销售人员的炫耀性感知为一种故意的说服尝试时，交易准则下对销售人员能力的推断就会消失。

有关炫耀性消费后续影响的研究，即炫耀性消费是否能够改善个体受威胁的状态，或者人们是否能够有效解读该信号的实际意义的研究相对较少，本书虽然认为在不同条件下受到排斥的消费者可能会选择炫耀性产品，但是并未关注其他人是否能够对受排斥者的炫耀性消费行为进行有效解读，从而在本质上恢复被排斥者所感受到的威胁。本书仅关注了炫耀性消费对个体威胁状态的缓解，即将炫耀性消费者作为自我完整性修复的一种方式，同时它也是一种信号。

三、本章小结

本章主要从两个角度对与本书相关的文献进行了梳理。社会心理学领域对有关社会排斥的相关研究已相对成熟，近年来已有营销学者将其引入消费行为学领域的研究中，并且也已经有了一定的研究成果。作为日常生活中普遍存在的现象，本书关于社会排斥采用 Twenge 等（2001）的定义，即认为社会排斥是一种不被他人或群体接纳，个体归属需求受到阻碍的社会现象，不被他人或群体接纳不仅包括明确的排斥或拒绝行为及不太明确的忽视行为，还包括人际间的歧视、污名化、驱逐等行为反应（Richman 和 Leary，2009）。社会排斥会对人们的认知、情绪、行为等产生负面影响，并且其影响机制可能在于社会排斥所导致的人们基本需求的威胁，信息处理能力的下降，自我调节或控制能力的下降等。为缓解负面影响，人们可能会采取不同的行为，如消费行为的实施，由于产品本身所具备的意义，借助产品的选择与使用可以帮助被排斥的消费者改变其不好的状态。

炫耀性消费是本书另一重要结果变量，学者们对炫耀性消费的研究相对较多，但却并未对炫耀性消费给出明确的定义（Shukla，2008；袁少锋，2011），本书借鉴了袁少锋（2011）的研究，从操作层面对炫耀性消费进行了界定，认为炫耀性消费是消费者对具有炫耀性产品或品牌的购买意愿或支付意愿。该操作性定义保持了与以往研究者研究结论的一致性，即用产品或品牌标志的大小或有无、产品款式、奢侈品表明炫耀性，消费者越倾向于购买或者越愿意对有标志或标志大、产品款式明显的奢侈品支付更多，越表明消费者有更强的炫耀性消费倾向。另外，公开场合中的产品或品牌使用也被研究者认为具有一定炫耀性（Griskevicius 等，2007）。人们之所以实施炫耀性消费行为，其核心在于炫耀性消费所具备的信号价值，借助炫耀性产品的消费人们可以吸引他人的关注，也可以向其自身表明其所具备的财富或能力，满足其内在自我完整性的追求。

社会排斥对消费者购买行为影响的研究已经得到部分学者的关注，受到排斥后消费者会策略性地进行产品选择，如怀旧产品、炫耀性产品、归属类产品、独特性产品，甚至是被赋予人格特征的产品，消费行为的实施在某种程度上可以帮助受排斥者缓解社会排斥所带来的威胁感。虽然 Lee 和 Shrum（2012）的研究涉及了消费者的炫耀性产品消费倾向，但是他们认为受到忽视的消费者更易产生炫耀性倾向，并且从需求威胁角度进行了分析。Richman 和 Leary（2009）则指出，受到排斥的个体会依据不同动机采用相同或不同的行为反应，因此，本书并未明确区分忽视与拒绝两种形式的排斥，而是结合了消费者个体内隐自我的特征及其对排斥来源群体实体性的分析，进一步深入探讨了社会排斥与炫耀性消费间的关系。

消费者会因不同原因而选择炫耀性消费，权力或地位追求（Rucker 和 Galinsky，2008，2009）、异性吸引（Griskevicius 等，2007）或同性竞争（Wang 和 Griskevicius，2014）等，但炫耀性消费也是消费者面对威胁时自我修复的手段（Sivanathan 和 Pettit，2010），本书也正是从这一角度展开，着重分析了社会排斥这一前置因素受到不同因素的影响，而使消费者产生了炫耀性消费行为，社会排斥可能不会直接对消费者的炫耀性消费行为产生影响，但是在不同的条件下，可能会强化或者弱化其炫耀性消费的倾向，即炫耀性消费的产生可能是基于不同的原因。

第三章 消费者个体内隐自我对炫耀性消费的影响研究

社会生活中，人们往往有过被他人排斥、拒绝或忽视的经历。一般来讲，社会排斥的出现会令被排斥者的归属感、自尊感、控制感及存在感受到威胁（Williams，2007）。以往研究表明，排斥感会让人们采取迎合大众的方式，以期通过其行为表现得到重新被接纳的机会，而另一部分学者则认为，作为对社会排斥的回应，被排斥者可能采取叛逆和疏离社会的做法，如做坏事或者表现出反社会行为，通过这些行为得到他人的关注。而这些行为，都会对消费者的消费习惯产生影响，借助消费行为的实施来应对社会排斥对其产生的负面影响。

Lee 和 Shrum（2012）对社会排斥的两种形式作了区分，研究发现受到忽视的消费者更容易选择炫耀性产品，其原因在于被排斥者对于功效需求的关注，而受到明确拒绝的消费者由于对关系需求的关注，其更倾向于实施帮助行为。他们从需求威胁角度，分析了社会排斥对人们消费行为的影响。然而，消费行为的产生，还会受到消费者自身内隐自我理论的影响，如果他们相信炫耀性产品能够改变他们不好的状态，他们倾向于实施消费行为，而如果消费者认为炫耀性产品并不能够表明其自身能力的提升与改变，那么炫耀性消费行为则不会那么具有吸引力。本章正是在前人有关社会排斥对消费者消费行为影响研究的基础上，研究了社会排斥与消费者内隐自我对于消费者炫耀性消费的共同影响。本章丰富了社会排斥及消费者内隐自我在消费者行为中的研究，并拓展了炫耀性消费的相关研究。本章首先对内隐自我的相关研究进行了分析，然后提出了研究假设并对其进行了分析。

一、内隐自我基本理论

（一）实体论与渐变论

人们在对周围世界进行解释和预测的过程中，通常会借助一些平常使用的观点进行理解（Lickel、Hamilton 和 Sherman，2001），而最常用的就是渐变论与实体论两种关于人的特质是否可变的内隐自我理论（Dweck、Chiu 和 Hong，1995），人们对信息的关注及判断会受到这两种内隐自我观的影响。

渐变论者认为人类的属性是动态可塑的，他们相信通过努力可以自我提升，并且这些属性也可以得到改变；而实体论者则认为人类的属性更为恒定，他们不相信这些属性能够通过自我提升得以改变（Dweck，2000）。虽然实体论者不相信通过努力可以得到自我提升，但是他们会选择其他自我提升的方式，如寻找机会向自己或他人显示出其正面的属性；而渐变论者则更倾向于寻找机会学习、提升，以使自己成为更优秀的人，其更关注自身实质性能力的改变（Dweck 和 Leggett，1988；Elliott 和 Dweck，1988）。

（二）内隐自我与自我提升

内隐自我理论指出，实体论者认为人的个性（Chiu、Hong 和 Dweck，

1997）、智商（Dweck 和 Leggett，1988）、道德（Chiu、Dweck 等，1997）等是固定不变的，而渐变论者认为这些个人特质是可以改变的。因此，人们对自身特质可变与否的两种观点影响了他们所采取的自我提升的方式（Dweck，2000；Molden 和 Dweck，2006）。由于渐变论者认为只要努力个体特质就可以改变，因此他们会寻求学习、自我提升的机会，如持有渐变论观的大学生会冒着获取低学分的高风险，去选修具有挑战性的课程，他们相信挑战性的课程可以帮助他们提高能力（Dweck 和 Leggett，1988；Elliott 和 Dweck，1988）。由于实体论者认为他们的能力并不能够通过努力地学习而有所改变，但他们又希望向别人展示其好的品质，因此即使掌握不了实质性的技能与知识，他们也会选择难度较低的课程以获取高学分，借助这些容易的课程向他人展示其能力（Dweck 和 Leggett，1988；Elliott 和 Dweck，1988）。

实体论与渐变论两种内隐自我观影响了人们所偏好的自我提升方式，有针对性地利用实体论与渐变论的差异性，可以使个体获取更为积极的自我感知，如 Elliott 和 Dweck（1988）指出，当参与了需要努力学习进行自我发展的课程时，持有渐变论的小学生会觉得自己更聪明，而持有实体论的小学生则认为显示出他们的能力后会觉得自己更聪明。即渐变论者会借助自我提升的机会更积极地评价自己，而实体论者则会借助向其自身或他人展示其积极品质时才会更积极地评价自己（Dweck，2000）。

（三）内隐自我与信息推断、归因及社会判断

持有不同观点的个体会对他们的特性进行判断，同时这种改变与否的态度也会影响到人们对信息的处理及事件的归因，甚至会影响其对他人或事物的判断。例如，实体论者不仅会认为他们自己的特质不可变，该观点也会扩展到认为其他人的特质也不可变。因此，与渐变论者相比，实体论者更容易形成对他人的看法（Chiu、Hong 等，1997；Hong，1994）。Erdley 和 Dweck（1993）研究表明，实体论者更倾向于通过他人的行为或表现对他人的性格特征做出判断，并且实体论者的这一判断具有跨时间与跨情境的一致性（Ross 和 Nisbett，1991）。

另外，人们在进行信息推断、归因及社会判断时，会无意识地将自身所具有的对特质稳定与否的看法应用于其推断与归因之中（Dweck、Chiu 和 Hong，1995；Hong 等，2004）。实体论者认为，其所观察到的某种情境下的人的行为就能够反映个体的特征（Chiu、Hong 和 Dweck，1997），而渐变论者更多关注的是环境因素，因为他们认为人的特质是会改变的，不能简单依靠特质进行判断（Dweck 和 Molden，2008）。因此，与渐变论者相比，实体论者更容易得出结论（Hong，1994），并会对该结论表现得更有自信（Chiu、Hong 和 Dweck，1997）。Molden、Plaks 和 Dweck（2006）则指出，在对初始的行为进行分类后，渐变论者会进一步根据人的环境需求去描述人的行为，而实体论者则会根据人的特质去解释人的行为。他们进一步分析了实体论者与渐变论者信息处理时的差异性，研究发现，实体论者与渐变论者都会对他人的信息进行选择性的处理，但是这一处理依赖于人们所感知到的认知负荷，即体验到认知负荷时，实体论者仍会整合那些稳定的信息去做出推断，而渐变论者则会整合那些动态的信息去做出推断，而这种信息推断方式与内隐观的理论是一致的，即实体论者认为特质是稳定的，而渐变论者认为特质是可以改变的。信息推断过程的差异性，使人们的社会判断出现了差异（Hong 等，1997），McConnell（2001）指出，内隐理论会影响人们对他人印象的形成，研究发现，实体论者会对目标个体形成即时的（On-line）判断，而渐变论者则会对目标个体形成基于记忆的（Memory-based）判断。Gervey 等（1999）的研究表明，对社会事件进行判断时（如刑事案件裁决），实体论者更可能依赖与罪犯性格相关的信息，而渐变论者更多依赖与案件本身直接相关的信息。

Plaks（2001）利用内隐理论研究了人们对于信息的关注与解读，研究发现，与一致信息相比，实体论者对与刻板印象不一致的信息分配了较少的注意力（一致效应，因为实体论者认为不可以改变，没必要关注那些不一致的信息），而渐变论者则对与刻板印象不一致的信息分配了较多的注意力（不一致效应，因为能够改变，所以不一致信息的关注有助于做出改变）。Plaks、Grand 和 Dweck（2005）指出，如果与个体所持有的实体论与渐变论观点不一致时，人们会产生更强的焦虑感并且会努力工作以重新建立他们的预测感及控制感。

可变与否的观点也影响了人们对于事件的归因。Hong 等（1999）启动了一个负面反馈原因分析的情境，研究发现，与实体论者相比，渐变论者更倾向于将失败的原因归咎于其自身努力，而实体论者则更多地将原因归咎于外部。对于不满意的成绩表现，与实体论者相比，渐变论者更可能采取积极的补救措施，而这一补救措施的使用则会受到努力归因的影响。

内隐自我的研究在社会心理学领域中取得了较多的研究成果，如内隐自我会影响个体对他人的判断、信息的分析及事件的归因，同样地，内隐自我也会影响个体对于有效自我提升方式的选择。而近几年内隐自我也逐渐被引入消费行为领域的研究中，消费者不变性与可变性的感知使其产生了不同的偏好。

二、消费行为领域中内隐自我的研究

实体论者与渐变论者对个体特质可变与否的看法也被研究者应于消费行为学领域。从内隐自我与个体特质相关性角度，研究者更多地将内隐自我与品牌个性联系起来。Park 和 John（2010）的分析指出，消费者更倾向于选择那些能够显示出其正面个性的品牌，而这一选择往往发生于实体论消费者之中。如选择或使用了好看的、具有魅力的品牌后，实体论消费者会认为他们同样具备了这些特征，而使用了能够显示才智的 MIT 钢笔后，实体论者认为他们更聪明、更有领导力、更努力地工作，而渐变论者则不会受到这些品牌个性的影响。进一步分析其内在机理发现，实体论者会借助品牌的选择或使用去显示他们的正面属性，因此，他们会根据品牌的个性去提升自我感知。Park 和 John（2014）的另一研究则表明，品牌的使用提升了被试的自我效能感，自我效能感的提升又进一步促进了被试工作表现的提升，然而，这一结果只出现于认为个性特征不可改变的实体论者之中。如参加难度较高的考试时，使用能够显示其个人能力的钢笔参加考试可以使实体论者取得更好的成绩；体育锻炼时，饮用装在佳得乐杯子中的水，可以提高实体论被试的运动能力，而这些好的成绩均源于人们自我效能感的取得。对于渐变论者，使用显示或能够提升其自我效能感的品牌与使用普通品牌对成绩表现并未显示出显著差异。Yorkston、Nunes 和 Matta（2010）则认为，与个体特质相关的内隐理论可以影响人们对品牌个性的推断，结合这一推断的有效性，可以帮助企业决定怎样的品牌延伸更为合适。不管对内隐自我采用操纵还是测量的方式，他们的研究发现，与实体论者相比，渐变论者更可能接受延伸的品牌，进一步分析原因，他们发现渐变论者认为品牌个性更易于改变，即品牌个性具有一定灵活性，这与他们对个体特性可以改变的观念相一致。虽然渐变论者可以接受品牌延伸，但是他们也指出，延伸时较大幅度的改变则会影响渐变论者对延伸品牌的接受度，即对延伸的品牌不能做出过多的差异性改变。

另外，相关研究更多是从广告信息判断这一角度分析内隐自我理论在消费行为学领域的应用。Jain、Mathur 和 Maheswaran（2009）指出，接近或回避两种框架描述的广告信息，其说服效果依赖于人们的实体论与渐变论观点。他们研究发现，不管采用接近还是回避的方式对广告信息进行描述，实体论者均不会受到影响，而渐变论者则会受到不同框架信息描述的影响，对使用接近框架进行宣传的品牌，渐变论者对其更感兴趣，而对使用回避框架进行宣传的品牌则不太感兴趣。具体分析其原因发现，实体论者更关注结果，而渐变论者则更多依赖过程以形成其判断。研究三中他们又进一步证明了研究结果的有效性，通过操纵的方式令消费者感受到其内隐观被违反时，所有的发现则呈现出相反的结果。Park 和 John（2012）则从广告有效性的视角分析了内隐自我观的影响，研究发现，信号类的广告对实体论者更有效，而自我改善类广告对渐变论者更有效。他们指出，由于实体论者会寻求机会去显示其渴望的正面品质以实现自我提升，因此，实体论者对那些显示出其正面属性的广告诉求更感兴趣，他们认为这些广告中的品牌所体现的个性与他们是一致的。而由于渐变论者会寻求机会通过学习、技能获取、个人成长提升其正面品质以实现自我提升，因此，渐变论者则会对体现自我改善诉求的广告更感兴趣，他们认为使用这些广告中的品牌可以体现他们的个体特质。Kwon 和 Nayakankuppam（2015）则通过几个实验研究发现，与渐变论者相比，实体论者虽然会更快地对新奇的品牌形成态度，但是他们快速形成的态度强度却依然很高。他们也发现启动实体论的被试并不会受到论据数量的影响，而给予启动渐变论的被试更多数量的论据时，他们会形成更极端和强硬的态度。研究三发现，实体论者不需要对信息进行过多的加工分析，就可以形成品牌态度，而渐变论者则会在强论据与弱论据的广告信息分析中表现出差异性。因此，Kwon 和 Nayakankuppam（2015）指出，人们在处理信息形成态度时，只有渐变论者会使用高水平的信息加工方式，而实体论者使用的则是低水平的信息加工方式。因此，可以针对不同内隐观的消费者进行不同的广告宣传。

其他研究方面，Puzakova、Kwak 和 Rocereto（2013）分析了不同内隐观消费者对于出错品牌的态度。他们更多强调的是被赋予人格特征品牌的差异性，研究发现，与非拟人化品牌相比，那些认为个性具有稳定性的实体论消费者不太喜欢遭受负面宣传的拟人化品牌，而那些认为个体是动态可塑的渐变论者则不太可能仅仅因为一个个别的负面宣传就去贬低拟人化品牌，即若是被赋予人格特征的品牌出错，实体论者会降低对它的品牌态度，而出错的品牌是否属于被赋予人格特征的品牌并不影响渐变论者对它的态度。具体分析其影响机制在于人们对品牌责任的感知，拟人化增加了人们对品牌出错故意性的感知。因此，人们更多地将错误归咎于品牌本身而不是其他情境因素，这也表明消费者并不总是会对拟人化的品牌产生好感。

综上分析，实体论者与渐变论者对信息感知及品牌个性感知的差异性，可以促进相关企业有针对性地设计广告信息或者塑造品牌个性，以往学者在这一领域的研究也取得了较多的研究成果。在受到社会排斥等的威胁时，消费者也可能根据自己所持有的实体观或渐变观去采取合适的产品消费方式，以恢复或改变自己的状态。

三、社会排斥、内隐自我及炫耀性消费的关系

通过对相关文献的回顾可知，大部分经历过社会排斥的人都会采取一些行为去减少社会所带来的负面影响，此时为应对社会排斥，人们可能会表现出一致或不一致的行为，由于近几年研究者才开始关注社会排斥对消费行为的影响，因此，从消费者自身特征角度分析社会排斥影响的研究尚显欠缺。本章进一步结合消费者的内隐自我理论，在消费行为领域中研究社会排斥对消费者消费行为的影响。

消费情境中，社会排斥可能会影响人们的消费行为，借助具有象征意义的产品或品牌的购买或使用，最终满足人们的不同心理需求。Lee 和 Shrum（2012）的研究发现，受到忽视这一类型社会排斥的消费者更倾向于产生炫耀性消费。具体来看，他们从需求角度，将社会排斥分为忽视与拒绝两种类型，分析了这两种社会排斥对人们的影响。被忽视的个体会感受到其自身权力与控制需求或存在感的威胁，这种威胁表现为被忽视个体

觉得未得到他人的关注或者在他人心目中存在感的消失。为应对这种受威胁的状态，感受到忽视的个体会选择合适的方式去寻求权力与控制感或存在感，而一种有效的应对手段就是通过炫耀性的方式以吸引他人的关注及注意。在消费情境中，炫耀和获取注意可以通过炫耀性消费得以实现。炫耀性消费作为一种自我关注的消费行为，其目的就是通过消费唤起他人对自己的关注（Griskevicius 等，2007）。炫耀性消费本质上是一种故意行为，这种刻意地吸引他人注意的目的是扩大人们对他人权力感的关注（Rucker 和 Galinsky，2008，2009），并且传达出个体的存在感（Belk，1988；Schau 和 Gilly，2003），因此，Lee 和 Shrum（2012）指出，受到忽视的人由于其功效需求（控制感及存在感）受到威胁，他们会提高对炫耀性产品的需求。而受到拒绝的人，其体现自尊感或归属感的关系需求受到威胁，明确地拒绝使被拒绝者更关心他在关系或群体中较差地位状态的改善，同时大多数研究者认为自尊可以被用来评估人们的融入性状态（Leary 等，1995）。因此，相对于权力与控制感的获取，与他人重新建立联系更可能成为被拒绝者的主要动机，而这一重新联系的建立则更多的是借助捐赠行为。从心理需求受威胁的角度，Lee 和 Shrum（2012）对经历过社会排斥的人的消费行为进行了分析，他们的研究区分了两种排斥状态，并分析了这两种状态所产生的差异性行为心理机制，然而，他们并没有从消费者特征角度对其产品选择或购买行为进行分析。不管是受到明确拒绝还是不明确的忽视，受排斥者首先自己要相信，借助消费领域的产品选择，能够改变他们已经面临或将要面临的不好状态，而这一状态的改变，可能受到其自身内隐自我观的影响。

当感受到社会排斥时，人们往往会寻找相应的原因，以期改变他们的这种受威胁状态，对于认为个体特质通过努力可以改变的渐变论者来说，他们更希望通过自己能力的提升与改变，进而改变自己被排斥的状态，而对于认为个体特质不太容易被改变的实体论者来说，他们更关注怎样通过比较简单、有效的方法去尽快改变或缓解他们的排斥状态，向自己或他人显示出正面属性，而应用于消费情境之中，炫耀性产品的选择与使用，可能会很快地缓解他们所面临的较差的状态。渐变论者则不太可能对炫耀性产品产生更多偏好，炫耀性产品的使用或许可能是其能力提高或改变的一种外在表现，但在受到排斥的状态之中，本身受排斥者的信息处理能力就有所下降（Baumeister、Twenge 和 Nuss，2002），人们并不会去对炫耀性产品进行深入分析考虑其在能力改变方面的表现。因此，受到社会排斥时，相比于未受到排斥，实体论者会对炫耀性产品产生更强的偏好，而渐变论者对炫耀性产品的偏好，则不会受到排斥与否的影响。据此，提出如下假设：

H1：对于实体论者，与未受排斥相比，受到排斥的消费者更喜欢炫耀性产品；而渐变论者对炫耀性产品的偏好并未受到排斥与否的影响。

另外，内隐自我理论会影响人们态度的形成（Kwon 和 Nayakankuppam，2015）。Kwon 和 Nayakankuppam（2015）指出，与渐变论者相比，实体论者更倾向于使用一种低水平的信息加工方式，他们会采取比较容易的方式，更快地得出有关他人特征的结论，并且通过少量信息的分析，很快形成对品牌或产品的态度。排斥所导致的信息处理能力降低与实体论者低水平信息加工方式双重作用的叠加，使实体论者相对渐变论者，更愿意采用一种简单、有效的方式去实施他们的行为。因此，在消费情境中，考虑到人们实体论与渐变论两种内隐观点，以及信息处理方式及关注点的差异性，当受到社会排斥时，实体论者会比渐变论者产生更强的炫耀性消费倾向，而未受到排斥时，实体论者或渐变论者并不会表现出炫耀性消费的差异性。据此，提出如下假设：

H2：在受到排斥的情况下，实体论者比渐变论者更偏爱炫耀性产品；而在未受到排斥的情况下，实体论者与渐变论者对炫耀性产品的偏好并无显著差异。

研究者通过两个实验对假设进行了检验。Molden 和 Dweck（2006）指出，尽管实体论与渐变论可以被强烈、稳定地持有，但二者仍然是可以被实验诱导的，因此，实验一对实体论与渐变论采用操纵的方式加以诱导，实验二则采用测量的方式衡量了人们自身已长期存在的实体论与渐变论观点。对炫耀性消费或炫耀性产品偏好的衡量也采用了不同的处理方式，实验一从品牌标志偏好角度对消费者炫耀性产品的喜好度进行了衡量，而实验二则考虑了品牌熟悉度对消费者炫耀性消费的作用，分析了消费者对有较高熟悉度的品牌产品的偏好以及熟悉度较低的虚拟品牌产品的选择。

四、实验一：品牌标志偏好

（一）样本与实验设计

120 名来自西南某高校的大学生参加了本次实验（被试平均年龄为 20.74 岁，54 名男生，66 名女生）。为验证假设所提出的社会排斥与内隐自我理论对于消费者炫耀性产品偏好的作用，实验一采用了 2（社会排斥：受到排斥、未受到排斥）×2（内隐自我：实体论、渐变论）双因素组间实验设计。实验分为四个部分，首先对被试的社会排斥感进行操纵，其次启动被试的实体论与渐变论观点，再次测量被试的炫耀性消费偏好，最后要求被试提供相应的基本信息，并检验其是否猜测出本次实验的目的。为防止被试猜测出实验的真正目的，被试被告知，第一部分和第二部分的考察均是为了向心理学专业的老师及学生提供相应的分析资料，第三部分则是调查一下当前的大学生对品牌标志的看法。

（二）实验过程与刺激物

采取情景回忆的方式启动被试的社会排斥感，将被试随机分配到受排斥与未受排斥两组，受到排斥的分组要求回忆并写下一段其受到他人排斥的经历（如受到朋友、同学的排斥或工作申请、学校申请遭到拒绝等）及感受，而未受排斥的分组回忆的则是没有受到排斥的经历（如参加学生社团或兴趣小组的申请被接受等）及感受，社会排斥的操纵改编自 Maner 等（2007）。回忆结束后，各分组均填写了两部分的操纵检验题目，一部分是感受到排斥或忽视的程度（1=完全没有感受到，7=感受十分明显），另一部分采用了 PANAS 量表（Watson、Clark 和 Tellegen，1988）对被试的情绪反应进行了测量（1=非常不符合，5=非常符合）。

对于实体论与渐变论的操纵则采用了 Park 和 John（2010）的方法。被试需要阅读一段有关实体论或渐变论描述的材料，尽管被试本身就有其自身的实体与渐变观，但是他们仍然可以被相关的信息所说服（Chiu、Hong 和 Dweck，1997）。为了提高材料的说服力，要求被试画出这段材料所表达的核心观点。这两段材料的主要观点分别是：实体论强调大多数人的性格一旦形成，就不太可能有所变化，并且基本上一生是稳定的；渐变论强调人的性格是可以改变的，并且这一改变并不需要付出很大的努力和决心。阅读相关材料后，要求被试表明其对材料内容的理解度，包括材料内容的可信度、说服力、有用性等操纵检验问项。接着，考察这些材料的阅读是否启动了被试的相应心理状态，要求被试对人们的行为做一个简单的百分比预测。如“平均来讲小张比小李更乐于助人，那么在某一特定情况下，小张比小李更乐于助人的概率有多大?”这些特质包括乐于助人、有进取心、健谈、不诚实、害羞（Chiu、Hong 和 Dweck，1997）。

因变量则是测量了被试的炫耀性消费偏好。让被试想象一下，他们正打算购买一款高端的设计师品牌的服装，要求他们回答对这款高端设计师品牌服装的品牌标志有怎样的偏好（Rucker 和 Galinsky，2008，2009；Lee 和 Shrum，2012）。对于品牌标志的偏好由四个问项构成，包括“很容易看到/完全看不到、看起来很大/看起来很小、非常明显/非常不明显、很容易惹人注意/很不容易惹人关注”，分数越高（7 级量表）表明越偏好炫耀性消费。

（三）实验结果与讨论

1. 社会排斥操纵检验

将被试感受到排斥或忽视的程度进行平均化处理（α=0.913）对社会排斥的操纵进行检验，2（社会排斥）×2（内隐自我）的方差检验表明，只有社会排斥存在主效应，其余变量及变量间交互作用的 p 值均大于 0.1。与未受排斥相比，受到排斥的被试感受到更多的被排斥感（$M_{受到排斥}=4.837$，$M_{未受排斥}=2.825$；$F(1, 116)=45.273$，$p<0.001$，$\eta_p^2=0.281$），因此，对社会排斥的操纵是成功的。接下来，检验了社会排斥的操纵是否影响了被试的情绪（积极情绪，α=0.875；消极情绪，α=0.874），双因素方差分析表明，社会排斥、内隐自我主效应及二者的交互效应均不显著，即被试的积极情绪并未受到排斥与否的影响（$M_{受到排斥}=2.708$，$M_{未受排斥}=2.657$；$F(1, 116)=0.117$，$p=0.733>0.1$，$\eta_p^2=0.001$），同样，被试的消极情绪也未受到排斥与否的影响（$M_{受到排斥}=2.287$，$M_{未受排斥}=2.298$；$F(1, 116)=0.006$，$p=0.936>0.1$，$\eta_p^2=0.000$），因此，社会排斥的操纵也未对被试的积极或消极情绪产生影响。

2. 实体论与渐变论操纵检验

实体论与渐变论的操纵是通过材料阅读完成的，首先，将有关材料内容的五个问项作平均化处理（α=0.922）检验被试对材料的理解程度。双因素方差分析表明，社会排斥、内隐自我的主效应及二者交互效应均不显著，因此，实体论与渐变论者对于材料的理解程度无显著差异。其次，以对他人特质的预测作为检验对象，检验实体论与渐变论的操纵是否成功。将五个特质预测结果平均化处理（$\alpha=0.899$），方差分析表明，只有内隐自我的主效应存在，其余变量及变量交互作用的 p 值均大于 0.1。与渐变论者相比，实体论者认为人的特质不可变的概率更高（$M_{实体论}=56.977$，$M_{渐变论}=46.523$；$F(1, 116)=16.438$，$p<0.001$，$\eta_p^2=0.124$），因此，对内隐自我的操纵也是成功的。

3. 炫耀性消费偏好

对品牌标志偏好的四个问项进行平均化处理（$\alpha=0.920$），并将其作为被试的炫耀性消费偏好，以社会排斥与内隐自我为自变量，双因素方差分析结果显示，社会排斥的主效应边际显著（$F(1, 116)=3.596$，$p=0.060<0.1$，$\eta_p^2=0.030$），内隐自我的主效应不显著（$F(1, 116)=0.141$，$p=0.708>0.1$，$\eta_p^2=0.001$），更为重要的是，社会排斥与内隐自我的交互效应显著（$F(1, 116)=7.826$，$p=0.006<0.01$，$\eta_p^2=0.063$）。为具体分析炫耀性消费偏好的差异性，对社会排斥与内隐自我的交互效应进行了分解。对于实体论者，与未受到排斥相比，受到排斥的被试，其炫耀性消费偏好更强（$M_{受到排斥}=3.216$，$M_{未受排斥}=2.133$；$F(1, 116)=10.835$，$p=0.001$，$\eta_p^2=0.085$）；对于渐变论者，受到排斥与未受排斥的被试对炫耀性消费的偏好并无显著差异（$M_{受到排斥}=2.484$，$M_{未受排斥}=2.692$；$F(1, 116)=0.413$，$p=0.522>0.1$，$\eta_p^2=0.004$）。因此，H1 得以验证。另外，在受到排斥的情况下，实体论者会比渐变论者表现出更强的炫耀性消费偏好（$M_{实体论}=3.216$，$M_{渐变论}=2.484$；$F(1, 116)=5.023$，$p=0.027<0.05$，$\eta_p^2=0.042$），而在未受排斥的情况下，实体论者与渐变论者对炫耀性消费的偏好边际无显著差异（$M_{实体论}=2.133$，$M_{渐变论}=2.692$；$F(1, 116)=2.934$，$p=0.089<0.1$，$\eta_p^2=0.025$）。因此，H2 部分得以验证。各组结果如图 3-1 所示。

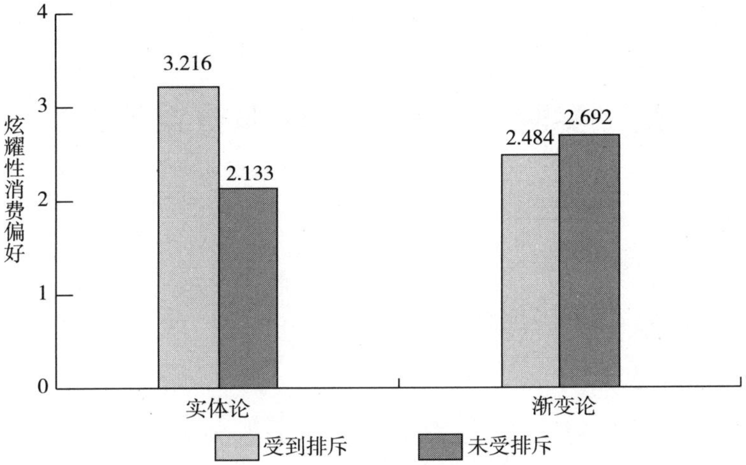

图 3-1 炫耀性消费偏好

实验一通过对社会排斥及内隐自我的操纵，发现了社会排斥及内隐自我对炫耀性消费偏好的交互作用。与未受排斥相比，实体论者受到社会排斥会强化其炫耀性消费倾向；而对于渐变论者，社会排斥与否并未显著影响其炫耀性消费倾向的差异。从另一角度来看，当受到社会排斥时，与渐变论者相比，实体论者也会表现出更强的炫耀性消费倾向，当未受到社会排斥时，渐变论者的炫耀性倾向略高于实体论者。实验一对于假设 H2 的验证存在边际显著，因此，在实验二中，将进一步对这一假设进行验证分析。除此之外，实验一也存在需要改进的地方，如对于炫耀性消费偏好的测量并未考虑具体产品或品牌，实验二将选择两种具体品牌产品，通过品牌标志的大小对炫耀性消费进行衡量，并且实验二也考虑了品牌熟悉度的作用。另外，实验一对于内隐自我是采用操纵方式完成的，但更多学者认为内隐自我属于人类自身长期存在的倾向，因此，实验二对内隐自我采用了测量的方式。

五、实验二：品牌产品偏好或选择

（一）样本与实验设计

来自西南某高校的 121 名大学生参加了本次实验（平均年龄 20.93 岁，男生 48 人，女生 73 人）。实验采用 2（社会排斥）×2（内隐自我）的组间设计，并且考虑了品牌熟悉度（高熟悉度 NIKE、低熟悉度的虚拟品牌）这一组内变量，其中社会排斥为操纵变量，内隐自我为测量变量。实验首先操纵了被试的社会排斥感，其次衡量了被试对两种品牌产品的偏好，再次测量了被试的内隐自我倾向，最后是有关被试基本信息的问项。

（二）实验过程与刺激物

实验二对社会排斥感的操纵改编自 Wan 等（2014），要求被试想象以下情景并写出他们的感受，当他们浏览社交网站时，对他们感兴趣的三个人分别发出了加为好友的请求，几天后被试得到了回复。受排斥组得到的回复大致表明，三个人拒绝加被试为好友，而未受排斥组得到的回复则是三个人均同意接受被试成为他们的好友。回忆及表明感受后，对被试的社会排斥启动进行了操纵检验，并表明他们的情绪状态，情绪状态的测量采用 Williams 等（2000）的问项，包括感觉愉快、糟糕、友好、开心等 8 个问项（1=非常不同意，7=非常同意）。内隐自我的测量结合了 Levy 等（1998）及 Park 和 John（2010）的量表，选择了如“人们是怎样的人这一核心本质并不能被改变”等四个问项（1=非常不同意，7=非常同意），得分越高，表明被试越具有实体论倾向。

炫耀性消费倾向的测量使用了 NIKE 品牌与虚拟品牌（Acromorel），被试看到 NIKE 品牌的两款运动帽，一款品牌标志较小（非炫耀性），一款品牌标志较大（炫耀性）。看到图片后，要求被试回答对运动帽的偏好，三个问项分别是：更有吸引力、愿意花费更多、更吸引你的注意力，分数（9 级量表）越高表明炫耀性消费倾向越高。对于 Acromorel 品牌两款运动 T 恤的衡量则使用了选择的方式，选项 1 有品牌标志（炫耀性），选项 2 没有品牌标志（非炫耀性）。

（三）实验结果与讨论

1. 社会排斥操纵检验

将被试感受到拒绝、忽视或冷落的程度进行平均化处理（$\alpha = 0.897$）对社会排斥进行操纵检验，与未受到排斥相比，受到排斥的被试感受到更多的被排斥感（$M_{受到排斥} = 4.098$，$M_{未受排斥} = 2.933$；$t = 3.601$，$p < 0.001$，$d = 0.660$），因此，对社会排斥的操纵是成功的。接下来，检验了社会排斥操纵对被试情绪的影响（$\alpha = 0.882$），结果表明，与未受排斥相比，受到排斥的被试感受到更差的情绪状态（$M_{受到排斥} = 3.387$，$M_{未受排斥} = 4.975$；$t = 6.630$，$p < 0.001$，$d = 1.242$），对排斥的操纵影响了被试的情绪，因此，在接下来对因变量的分析中，需要对情绪的影响进行控制。

2. 炫耀性产品的偏好与选择

在对炫耀性产品偏好及选择进行分析之前，对于不同熟悉度品牌产品的选择进行了判断，结果显示，被试对于 NIKE 的熟悉度显著高于虚拟品牌 Acromorel（$M_{NIKE} = 5.380$，$M_{Acromorel} = 3.050$；$F(1, 120) = 100.240$，

$p<0.001$，$\eta_p^2=0.455$）。

采用回归分析的方法，对假设进行了检验。首先，分析熟悉度较高的 NIKE 品牌，将被试对于具有炫耀性品牌标志的耐克运动帽的偏好平均化处理（$\alpha=0.875$）作为因变量，社会排斥（受到排斥 = 1，未受排斥 = -1）和内隐自我（$\alpha=0.849$）作为自变量，由于被试的情绪受到了社会排斥操纵的影响，因此，将情绪作为控制变量。结果显示，社会排斥（$\beta=0.902$；$t=3.482$，$p<0.001$，$d=0.647$）与内隐自我（$\beta=0.519$；$t=3.707$，$p<0.001$，$d=0.688$）均会影响被试的炫耀性产品偏好，更为重要的是，社会排斥与内隐自我存在显著的交互效应（$\beta=0.365$；$t=2.415$，$p=0.017<0.05$，$d=0.449$），并且情绪并不影响被试的炫耀性产品偏好（$\beta=0.244$；$t=1.362$，$p=0.176>0.1$，$d=0.253$）。进一步分解交互作用发现，对于实体论者（高于均值 1 个标准差）而言，与未受到排斥相比，受到排斥的被试更偏爱炫耀性产品（$\beta=1.477$；$t=3.846$，$p<0.001$，$d=0.714$）；对于渐变论者（低于均值 1 个标准差）而言，受到排斥与未受排斥的被试对于炫耀性产品的偏爱并无显著差异（$\beta=0.328$；$t=1.037$，$p=0.302>0.1$，$d=0.193$）。因此，H1 得以验证。另外，在受到排斥的情况下，实体论者会比渐变论者表现出更强的炫耀性消费偏好（$\beta=0.880$；$t=4.508$，$p<0.001$，$d=0.837$），而未受排斥的情况下，实体论者与渐变论者的炫耀性消费偏好则没有显著差异（$\beta=0.151$；$t=0.700$，$p=0.485>0.1$，$d=0.130$）。因此，H2 得以验证。各组结果如图 3-2 所示。

接着，采用二值选择模型对熟悉度较低的虚拟品牌 Acromorel 进行了分析。炫耀性产品选择作为因变量（1 = 有品牌标志，0 = 无品牌标志），社会排斥与内隐自我为自变量，情绪为控制变量。结果显示，社会排斥（$\beta=0.175$；Wald $\chi^2=0.525$，$p=0.469>0.1$）、内隐自我（$\beta=-0.092$；Wald $\chi^2=0.446$，$p=0.497>0.1$）及二者的交互作用（$\beta=-0.186$；Wald $\chi^2=1.634$，$p=0.201>0.1$）均不显著，情绪也未对被试的选择产生影响

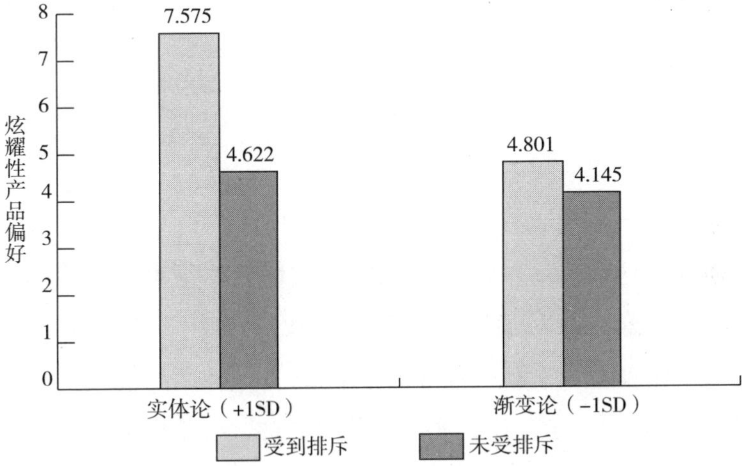

图 3-2　炫耀性产品偏好（高熟悉度品牌）

（$\beta=-0.048$；Wald $\chi^2=0.085$，$p=0.771>0.1$）。因此，对于熟悉度较低的虚拟品牌，被试对炫耀性产品的选择并未受到社会排斥、内隐自我的影响。也就是说，消费者更倾向于将他们较熟悉的品牌作为向他人炫耀的工具，借此吸引他人的关注。

实验二考虑了品牌熟悉度的影响，对于熟悉度较高的品牌其检验结果进一步验证了 H1 与 H2，表明实体论者，在受到排斥的情况下会对炫耀性产品表现出更强的偏好，而渐变论者对炫耀性产品的偏好并未受到社会排斥的影响。受到排斥时，实体论者也比渐变论者更偏爱炫耀性产品；而未受排斥时，实体论者与渐变论者并未影响被试的产品偏好。而在低品牌熟悉度的虚拟品牌中，被试的炫耀性产品选择则未受到社会排斥与内隐自我的影响，可见消费者倾向于向他人炫耀其熟悉的品牌，可能被排斥者及他人熟悉的品牌才能够使其吸引到他人的关注。实验二从另一个角度进行了实验设计，高熟悉度炫耀性品牌的研究验证了研究假设。

六、本章小结

基于前人对社会排斥及内隐自我理论的研究，本章用实验的方法研究了社会排斥与内隐自我对消费者炫耀性消费的影响。通过两个实验设计，对假设进行了验证。社会排斥均采用操纵的方式加以启动，内隐自我则采用了操纵（实验一）与测量（实验二）的方式，结果显示，与未受排斥相比，受到排斥的实体论消费者会表现出更强的炫耀性消费偏好，而渐变论者的炫耀性消费偏好不会受到排斥与否的影响。受到社会排斥时，与渐变论者相比，实体论者也会表现出更强的炫耀性消费倾向；而未受到社会排斥时，实体论者与渐变论的炫耀性消费倾向并无显著差异。然而，实验二低熟悉度虚拟品牌的选择中，并未发现社会排斥及内隐自我对于炫耀性产品选择的作用。在其他研究者对有关产品偏好的研究中，基本选取的是消费者熟悉度较高的品牌（Lee 和 Shrum，2012；Dommer、Swaminathan 和 Ahluwalia，2013；Huang 等，2014；Ward 和 Dahl，2014），他们的研究几乎没有涉及消费者对虚拟品牌的偏好。Huang 等（2014）在独特性产品的选择中，其独特性的表现形式则是通过差异化设计消费者熟悉度较高的品牌产品得以实现的。因此，本章的研究结果与以往学者的研究有一定一致性，低熟悉品牌的研究中，假设均未得以验证。从炫耀性消费角度分析，由于炫耀性产品能够给人带来权力感或地位感（Rucker 和 Galinsky，2008，2009），受到排斥的实体论消费者所产生的炫耀性消费倾向可能是一种自我保护的行为，借助炫耀性产品表明其正面品质，那么是否对消费者自我价值进行了肯定就能够降低消费者的炫耀性消费倾向，本书将在第五章对该问题进行进一步的分析。

第四章 群体实体性对炫耀性消费的影响研究

前一章提到人们对个体自身有着变与不变的基本的认识，同样人们对群体也具有一定的直觉性理论，并且会通过几个准则去界定群体直觉理论的内容（Lickel 等，2001）。首先，在内隐人格理论中，知觉者对于人们所展示的特定人格有着平常的普通看法（如友好的、聪明的）。在群体方面，学者的研究表明，知觉者也会定性地区分出几种群体类型的差异性，而知觉者对群体的分类则是由知觉者能够观察到的属性所描述的（如群体规模、群体存续时间、所知觉到的群体成员间的交流程度等）。其次，知觉者会对不同群体类型的运作及其关系特征形成自己的看法，对群体成员与其他人发生怎样的联系他们会有自己的预期。最后，群体的直觉理论可以被用来解释知觉者感知到的信息和获取的信息，并对其所遇到的群体成员进行知觉上的判断和行为上的指导。结合本书研究的社会排斥问题，遭遇到社会排斥后，人们不仅会考虑其个体特征，根据个体内隐自我特征及要求去采取合适的应对行为，同样也会考虑排斥的发起源，即分析该群体对被排斥者的价值性。发起这一排斥的其他人或群体与被排斥者要么有较紧密的关系，要么有较松散的关系，同时依据不同的划分方式，每个个体也可能隶属于不同的群体，如性别、年龄、地域和职业等群体。对于不同的社会群体人们可能表现出不同的感知，有的群体对个体的重要性更高一些，人们更在乎其在该群体中的表现，而有的群体则并不会引起人们的过多注意。Campbell（1958）将人们所感知的特定群体看作真正实体的程度称为群体实体性。本章在前一章的基础上，继续分析受到排斥后，消费者的群体实体性分析可能对其炫耀性消费产生不同的影响。由于人们对群体本身就存在不同的看法与评价，因此，本章首先对群体实体性的相关研究进行了梳理，接着主要从消费者群体关注的角度分析了社会排斥与炫耀性消费间的关系，对研究假设进行了验证。

一、群体实体性相关研究

（一）群体实体性的含义

群体实体性的概念由 Campbell（1958）提出，他认为群体实体性是个体将群体感知为一个实体（真正的、独立存在的群体）的程度，不同个体会因其所感知到的实体性的不同而表现出差异，并且这一差异具有一定连续性，即一些群体被认为具有更强的实体性。Hamilton、Sherman 和 Maddox（1999）也对实体性的连续性予以认同，他们认为实体性是一个分隔了低实体性社会集群（如商店中某一给定时刻的顾客）到高实体性集群（如高级俱乐部的成员）的连续统一体。任何社会群体都可以被知觉为这一连续体上的某一点，该点所处的位置就代表了群体的实体性程度。

在对实体性差异来源的分析中，Lickel 等（2000）指出，差异不仅涉及群体成员的交流程度、共同目标、共同结果及群体成员相似性等群体特征，也涉及对群体规模、群体持续时间及他人融入度的感知等。虽然实体性被看作是一个连续统一体，但研究者仍依据群体成员的共同目标、共同结果以及成员之间的互动性区分了四类群体，包括亲密群体（如家庭、恋人关系、朋友的小群体等）、任务导向的群体、社会类别（如性别、民族、宗教群体等）和关系相对较弱的松散群体（如喜欢古典音乐的人、排队等车的人等）（Lickel 等，2000；Lickel、Hamilton 和 Sherman，2001）。具体来看，亲密群体实体性最高，任务导向群体次之，接着是社会类别群体，而松散群体的实体性最低（Lickel 等，2000）。

实体性本质上属于一种被人们所知觉到的特征（Hamilton、Sherman 和 Castelli，2002）。实际的群体特征与人们所感知到的群体特征是存在一定差距的（杨晓莉等，2012），这一差距就表现为知觉者对实体性的感知判断（Yzerbyt、Judd 和 Corneille，2004）。

（二）群体实体性的社会影响

实体性是社会群体被知觉为一个实体的程度，它受到群体因素、知觉者因素、文化和情境等因素的影响（杨晓莉等，2012）。实体性在群际关系中具有重要意义，一方面，当个体把内群体知觉为高实体性时，可以增加对内群体的认同和偏好，这加强了个体与内群体其他成员的联结；另一方面，对外群体的实体性知觉增加了偏见、集群行为和群际冲突意向。因此，就实体性本身而言，它并不是一个绝对的积极或消极的特征，它的价值取决于关系情境（Castano，2004；Sacchi、Castano 和 Brauer，2009）。群体实体性的社会影响，表现在以下关系研究中：

1. 群体实体性与内群体认同

群体实体性与群体认同，尤其是内群体认同具有一定相关性（Abelson 等，1998；Lickel 等，2000；Verkuyten 和 Yildiz，2007）。Sherman、

Hamilton 和 Lewis（1999）指出，高实体性群体包含了承诺、持久性及投入性，这些特征会让个体意识到成为这一群体成员的价值。同样，Yzerbyt 等（2000）指出，群体成员可以在实体性强的内群体中得到任何他们所追求的目标。正如 Campbell（1958）所说的，内群体实体性的价值源于具有实体性的内群体看起来更像是一个真正存在的实体。Verkuyten 和 Yildiz（2007）以宗教为例，认为宗教不仅能够为信仰者提供积极的认同感、确定感和归属感，还能够为信仰者提供文化世界观和意义感，而这又保证了信仰者按宗教所提供的确定性、归属感、世界观和意义感对宗教活动进行组织，提高了人们对该宗教群体的认同。

在对群体的分析中，多数学者倾向于将群体划分为内群体和外群体。内群体即个体所在的或者是希望成为其成员的群体，而外群体则不是个体所在的或者不希望归属的群体。Sherman、Hamilton 和 Lewis（1999）指出，内群体的实体性更可能被知觉为内群体的积极特征，积极特征提高了人们对内群体的认同度。实体性与内群体的认同度具有正向相关性（Lickel 等，2000），实体性越高的群体，人们对该群体也会有更高的认同度（Verkuyten 和 Yildiz，2007）。Castano、Yzerbyt 和 Bourguignon（2003）则通过一系列实验表明群体实体性与认同间存在正向的关系。他们认为内群体实体性的提高会增加人们对于内群体的认同水平，而降低内群体的实体性则会产生相反的效应。Castano 等（2002）的分析整合了恐惧管理与社会认同理论，他们发现当提醒被试死亡的必然性时，内群体成员会对内群体感知到更强的实体性，并且更认同内群体。杨晓莉等（2012）则强调内群体实体性的感知可以减少来自外群体的威胁感，高实体性群体对人们的生存焦虑感知起到了缓冲作用。

2. 群体实体性与偏见

群体偏见的形成源于个体所在群体与其他群体的比较，社会认同理论认为偏见属于一种群际效应（Intergroup Effect），杨晓莉等（2012）则认为在某种程度上偏见是基于群内互动过程而产生的。在对群体评价的过程中，人们倾向于对内群体做出更好的评价（Lickel 等，2000），如积极的内群体行为被归因于群体内部的原因，而消极的群体行为则被归因于群体外部的原因（Hewstone，1990），并且人们更倾向于对内群体的成员表现出好感。Gaertner 和 Schopler（1998）通过实验室研究，关注了内群体实体性与内群体偏见间的关系，他们对群体成员间的交互程度进行了操纵，研究发现个体与群体内其他成员的交流越多，他们越会将内群体看作一个实体，进而会提升内群体偏见的水平，即越倾向于对自己所在的群体给出更高的评价。然而，内群体实体性增强所带来的内群体偏好并不意味着对外群体的贬抑（Gaertner 和 Schopler，1998）。Castano 等（2002）分析了恐惧管理情境中的群体实体性与偏见间的关系，他们指出死亡提醒显著的条件下，人们会知觉到更强的内群体实体性，显示出更强的内群体认同，进而产生更强的内群体偏好。由此可以看到，群体实体性是偏见形成的较为直接的影响因素。

3. 群体实体性与刻板印象

一般来说，人们往往认为高实体性群体具有更高的一致性、组织性和相似性，这些特性的存在促进了人们对这类群体刻板印象的形成（杨晓莉等，2012）。Brewer 和 Harasty（1996）首先将群体实体性与刻板印象的形成联系起来，他们的研究发现，高实体性的群体可能具有较高的原型表征，这一原型表征促进了对群体刻板印象的形成，而低实体性群体则具有更好的样例表征，与高实体性群体相比，它们不容易使人们产生刻板印象。因此，Brewer 和 Harasty（1996）指出，群体实体性与刻板印象的形成有一定相关性。从群体成员相似性的角度分析，相似性及相互间密切联系的增加使群体刻板印象出现的概率得以增加。因此，Yzerbyt、Rocher

和 Schadron（1997），Yzerbyt、Corneille 和 Estrada（2001）认为，群体实体性是引起人们刻板印象形成的重要原因。

进一步分析刻板印象形成的深层原因，Spencer-Rodgers、Hamilton 和 Sherman（2007）指出，在印象形成过程中，人们的信息加工过程受到了实体性的影响。相对于低实体性群体或者无实体性的松散集合，人们对高实体性群体的印象表征需要花费更长的加工时间，并且会在群体成员的再认辨别中显示出更显著的刻板化判断（Crawford、Sherman 和 Hamilton，2002）。群体实体性通过影响人们对群体成员信息的整合性加工，使群体印象表征出现刻板化。

4. 群体实体性与群际关系

群际关系体现了内群体与外群体之间的关系。群体实体性与群际关系的研究集中于关注群体实体性对于群际冲突的影响。Lickel 等（2006）指出，群际冲突中，个体将自己与受害者知觉为同一个群体时，即使个体自身的利益并没有受到任何伤害，他们也倾向于对施害者所在的群体实施报复和惩罚行为，也就是说，个体间的冲突会延伸到个体所属的两个或几个群体的其他人中间。Lickel 等（2006）及 Stenstrom 等（2008）还发现，内群体认同度越高，那么人们对于外群体实体性的知觉也就越高，冲突发生时，人们更可能实施报复或惩罚行为。内群体认同可以直接或间接地预测人们可能要实施的报复或惩罚行为，这也表明，内群体认同及对外群体的实体性知觉均能够使原来个体水平的冲突扩大为群体形式的冲突，影响群际之间的关系（杨晓莉等，2012）。Lickel 等（2006）分析了实体性影响人们报复的两个原因：一是外群体的成员均对内群体成员的伤害负有直接或间接的责任，其责任表现为纵容或唆使；二是外群体的某些成员表现出攻击或消极行为时，人们也倾向于认为外群体的其他成员具有攻击或者其他不好的品质。

群际关系的群体冲突为群体成员分裂意向的产生提供了条件，群体中新规范的出现可能从根本上否认一些群体成员原有的群体信念和价值观的本质，这一否认导致了群体认同被颠覆，进而提升了较强的负面情绪并降低了人们对该群体的实体性知觉，最终使人们的分裂意向得以提升。也就是说，分裂分子关于原来群体认同的核心内容被新规范的提议和旧规范的根本性改变的知觉而颠覆，这种知觉直接降低了群体的实体性知觉，进而促进了分裂意向的强化（Sani，2005；Sani 和 Todman，2002）。这些研究表明，群体的实体性知觉对分裂意向有明显的直接预测作用。

人们对群体的直觉性理论强化了对群体实体性的关注，并且在社会心理学领域，对群体实体性的研究取得了较多的研究成果，包括群体实体性对群体认同、偏见、刻板印象及群际冲突的影响。然而，群体实体性的研究只是从观察者的角度对其进行分析，Cavazza、Pagliaro 和 Guidetti（2014）结合了个体归属需求与群体实体性的研究，提出个体会因所处群体实体性的差异而表现出对自身声誉的关注。首先通过相关性研究表明群体实体性感知与人们的声誉关注正向相关，接着通过一个双因素组间实验设计研究发现，对实体性的不同操纵提升了人们对声誉的关注，而该关注并不受到群体类型的影响。进一步研究三则发现人们对社会排斥的担忧在群体实体性与声誉关注间起到了中介作用，即实体性之所以能够影响人们对声誉的关注在于人们害怕受到所在群体成员的排斥。因此，考虑到所在群体社会排斥的担忧及声誉的关注，人们会依据所在群体实体性的差异去调整自己的行为，以期在相应群体成员的心目中形成良好的印象。Cavazza 等（2014）虽扩展了群体实体性影响的研究，即实体性会影响人们对个体声誉的关注，但是他们的研究仍集中于从个体动机角度分析实体性的作用。有关群体实体性的研究几乎并未涉及个体的消费行为，而本书认为社会排斥与群体实体性会共同作用于人们的消费行为，为缓解或防御社会排斥带来的负面影响，感受到社会排斥威胁的消费者会因排斥群体实体性的差异而采取不同的消费行为。

二、社会排斥、群体实体性及炫耀性消费的关系

（一）关系分析

实体性是一个重要的群体特征，高实体性群体有着明显的界限去限定成员资格，成员之间相互紧密相连，并且为达到共同目标而相互交流（Cavazza 等，2014）。当遭遇到来自实体性不同程度的群体的排斥时，排斥可能会对人们产生不同的行为影响。在对社会排斥的分析中，Richman 和 Leary（2009）指出，对关系修复的预期及对关系价值的判断会使人们产生亲社会反应、退出或规避反应，甚至是反社会反应动机。关系修复预期越低或者关系价值越低，最终会导致被排斥者产生退出或规避，甚至反社会行为。Molden 等（2009）从忽视和拒绝两个角度分析了社会排斥与调节聚焦的关系，研究发现，被拒绝者更可能产生防御聚焦的反应，并且退出社会联系，而被忽视者更可能产生促进聚焦的反应，并且试图重新建立社会联系。为保证其研究的有效性，他们对排斥来源也进行了分析，包括排斥是单个人还是群体发起的、陌生人或熟悉的人发起的，也包括排斥发起者是否与被排斥者是恋人关系等。虽然在几个研究中这些因素对结果的影响产生了差异，但并未在所有研究中表现出一致性，并且这些因素也并未在排斥与被试的行为与想法之间起到中介作用，因此，他们认为与排斥发起者相关的因素并不会影响排斥与人们防御或促进聚焦心理动机间的关系，并且产生不同的行为表现。虽然 Molden 等（2009）考虑了排斥来源的影响，但其对群体的分析仅限于个体或群体，并未对群体实体性进行深入分析，群体实体性的分析可能使被排斥者从不同角度关注群体的实际价值，因此，会产生不同的行为表现。

在消费情境中，Lee 和 Shrum（2012）通过实验研究发现，受到忽视的被试更倾向于对炫耀性产品表现出偏好，而受到拒绝的被试则对能够帮助他人的捐赠行为表现出偏好。进一步分析人们不同行为产生的原因，他们发现，受到忽视的被试倾向于借助炫耀性消费行为的实施以缓解其受到威胁的功效需求（表现为控制感或存在感），而受到拒绝的被试倾向于借助捐赠行为的实施以缓解其受到威胁的关系需求（表现为自尊感或归属感）。Wan、Xu 和 Ding（2014）则认为，有过被排斥经历的消费者在对排斥情境评估后会选择独特的产品以使其区别于大多数消费者，而产生这一结果的原因在于人们对其受到排斥原因稳定与否的分析及对独特性的感知。炫耀性消费涉及独特性的展示，Gierl 和 Huettl（2010）认为在某种程度上独特性产品能够表明一定炫耀性。因此，从这一角度可以认为 Wan 等（2014）、Lee 和 Shrum（2012）都探讨了社会排斥对消费者炫耀性消费行为的影响。然而，在分析中 Wan 等（2014）主要认为人们对排斥原因的分析使其在消费行为领域表现出不同的消费行为，而 Lee 和 Shrum（2012）则更多的是从消费者心理需求（个体的功效与关系需求）受威胁的角度分析了社会排斥对消费者行为的影响，这些学者关注了社会排斥对消费行为的影响，但并未分析受到排斥的消费者在进行产品选择或者借助相应产品象征性满足其受威胁的不同心理时，其产品选择或消费行为可能会受到群体实体性分析的影响。对于关系价值、关系预期的分析，甚至其他类型关系的分析等均会影响人们的行为反应（Richman 和 Leary，2009）。借助产品的使用可能向他人（可能是相应群体的其他成员也可能是其他群体）传递出其是否仍愿意与该排斥来源的群体保持更紧密的联系。因此，本章的研究认为，在消费情境中，社会排斥与被排斥者消费行为间的关系会受到被排斥者群体实体性分析的影响。

（二）研究假设

在以强关系、有清晰及共同目标、高凝聚力为特征的群体（即实体性群体）中，人们会对该群体表现出较强的依赖性并对该群体形成较强的归属需求（Cavazza 等，2014）。Yzerbyt 等（2000）指出，人们偏爱成为实体性群体中的成员，而不是非实体性的成员或群体，因为实体性群体能够实现与人们社会认同相关的基本需求，如不确定性的降低、自尊、自我理解等。也就是说，实体性能够强化人们对群体的认同（Verkuyten 和 Yildiz，2007）。然而，当人们对群体认同降低甚至是产生负面认同时，自我调节心理的存在，使人们会尝试寻求更合适的方式以获取正面认同，而获取正面认同最合适的策略则是离开原来的群体加入一个不同的、有更积极评价的群体（Sani，2005）。

Sacchi 等（2009）指出，内群体实体性的增强不仅可以提高人们的意向性归因，而且也能够提高个体对内群体所提供的安全感的感知，同时，内群体实体性也降低了个体对外群体威胁的感知，即高实体性群体价值的分析使人们的生存焦虑得到了缓冲（杨晓莉等，2012）。虽然高实体性群体的分析能够缓解人们的生存焦虑，但是如果在该高实体性群体中感受到来自群体成员的排斥，出于对社会排斥的担忧，人们会更关注其在高实体性群体中的声誉（Cavazza 等，2014），该声誉的关注可能会影响人们的后续行为。高实体性群体对群体成员的社会认同有较高的重要性，它会影响他人怎样看待或评价群体中的成员。因此，Lewis 和 Sherman（2010）认为脱离高实体性群体是不明智的。Marques、Yzerbyt 和 Leyens（1988）提到了极端堕落的具有负面性的内群体成员——害群之马（Black-sheep Effect）对高实体性群体会产生更严重的危害，即害群之马效应。害群之马的存在会潜在地影响其他成员的自我概念或社会认同（Lewis 和 Sherman，2010）。集体责任的研究表明，好的群体中，若是有了犯错的人，就会影响人们对群体的整体评价（Lickel、Schmader 和 Hamilton，2003）。

从群体和个人角度进行分析，群体的排斥可能是因为被排斥者犯了错误，而被排斥者可能会认为被排斥者就是有错误的人，是群体中有问题的那个人。若是被排斥者寻找到原因，可以针对这一原因对其行为表现加以改进。从消费行为角度分析，如果原因可以改变，被排斥者不会选择独特性产品，而原因如果不可改变，被排斥者则倾向于选择独特的产品，并且在得到自我肯定后，更会选择独特性产品（Wan、Xu 和 Ding，2014）。但是很多情况下，被排斥者可能并不知道究竟是什么原因造成了自己的被排斥，尤其是遭受到高实体性群体成员的排斥。由于被排斥者对群体中的害群之马效应已经有所认知，因此他们可能认为自己被高实体性群体成员或者外人看作害群之马，因此，排斥的出现增加了被排斥者对群体实体性的怀疑，对群体的不信任感增强，表现出对该群体的失望，甚至降低对该群体的认同，被排斥者会重新思考继续留在该群体里的意义与实际价值以及与该群体保持何种程度的关系。社会排斥所带来的被排斥者对群体实体性的分析，可能会使其产生不同的行为表现。被排斥者出于自我调整与自我保护的目的，可能会借助某些产品的象征意义表明自我的重要性。由于炫耀性产品所具有的信号价值（如炫耀性产品可以体现使用者的地位与权力或为使用者带来地位感或权力感）（Rucker 和 Galinsky，2008，2009）及威胁应对时的自我完整性保护功能（Sivanathan 和 Pettit，2010），使消费者可能将其作为一种自我保护的表现而选择炫耀性产品或产生炫耀性消费倾向，其产生的原因在于被排斥者不想与该高实体性群体保持更紧密的关系，并与该群体拉开一定的距离。因此，高实体群体中，与未受到排斥相比，受到排斥的消费者会产生更强的炫耀性消费倾向，而该倾向的产生则是因为被排斥者不希望与该群体保持更亲近的关系。以往研究并未过多关注低实体性群体，相比于高实体性群体，低实体性群体可能是临时构成的不稳定的群体，成员关系本就不强，也没有太高的凝聚力。低实体性不足以令人们对该群体产生过多依赖性或者过多期望，即人们认为低实体性群体的融入可能不会为其带来过多利益，也没有必要借助炫耀性消费的信号或自我保护价值吸引他人注意或缓解威胁。因此，低实体性群体中，人们想要与该群体保持的关系程度并不会受到人们社会排斥与否的影响，最终也不会使人们的炫耀性消费倾向呈现出差异性。据此，提出如下假设：

H1：高实体性群体的社会排斥（与未受到排斥相比）会促使消费者产生更强的炫耀性消费倾向；而低实体性群体的社会排斥与否并不会影响人们的炫耀性消费倾向。

H2：高实体性群体的社会排斥（与未受到排斥相比）会降低人们想要与该群体保持紧密关系的程度；而低实体性群体的社会排斥与否并不会影响人们想要与该群体保持紧密关系的程度。

H3：消费者想要与排斥群体保持紧密关系的程度在社会排斥及群体实体性与炫耀性消费倾向间起到中介作用。

本章通过实验与问卷调研的方式对假设进行了检验。采用双因素方差的分析对 H1 进行了检验，研究一中社会排斥与群体实体性两个变量主要采用操纵的方式予以启动，研究二则采用问卷调研的方式进一步对 H1 进行验证，并验证了其他两个假设，对中介作用进行了分析。同时，研究二在因变量的分析中，又增加了非炫耀性产品，考察了社会排斥与群体实体性分析是否会共同作用于消费者的非炫耀性消费倾向。

三、研究一：社会排斥与群体实体性的交互作用

（一）样本与实验设计

84 名来自浙江某高校的大学生参加了本次实验（20 名男生，64 名女生，被试平均年龄为 20.85 岁）。为验证假设所提出的，在消费行为领域中，群体实体性可以调节社会排斥与炫耀性消费之间的关系，即群体实体性与社会排斥共同影响受排斥者的炫耀性消费偏好，实验采取了 2（社会排斥：受到排斥、未受到排斥）×2（群体实体性：高实体性、低实体性）

双因素组间实验设计。实验由四个部分构成，首先对被试所感知的群体实体性进行操纵，其次启动被试的社会排斥感，再次测量对炫耀性产品的偏好，最后要求被试提供相应的基本信息，并检验其是否猜测出本次实验的目的。实验开始时，告知被试实验前两个部分的答案是提供给心理学专业的老师及学生的，用以帮助了解目前大学生的社交生活。第三部分则是考察一下大学生的消费倾向以帮助相应企业进行更合适的产品及品牌设计。

（二）实验过程与刺激物

实验首先对群体实体性进行了操纵，操纵方式借鉴了 Cavazza 等（2014）的研究，并对 Castano、Yzerbyt 和 Bourguignon（2003）研究中的群体实体性操纵方式进行了改编。要求被试回忆一下他们的朋友圈子，根据实验操纵的不同，需要被试回忆这一朋友圈子与他/她自己的共同性及差异性。高实体性条件下，更多强调的是群体成员间的共同性，因此，要求被试列举出他们与所回忆朋友的共同特征，这些共同特征使他们团结在一起。共同特征包括彼此在兴趣爱好、性格特征、生活习惯、为人处世、经历、理想、所追求目标方面的一致性或相似性。低实体性条件下，更多强调的是群体成员间的差异性，因此，要求被试列举出他们与所回忆朋友的不同特征，这些不同特征表现了他们与朋友的差异性。不同特征包括彼此在兴趣爱好、性格特征、生活习惯、为人处世、经历、理想及所追求目标方面的差异性。要求被试仔细思考，并至少列出五个共同特征或不同特征。操纵结束后，要求被试填写相应的群体实体性感知检验量表，测量问项包括：所回忆群体"凝聚力""目标与理想一致性""对新成员的接受度"三个问项（Cavazza 等，2014），用于对群体实体性进行操纵检验。

社会排斥的启动采用的是情景回忆的方式，操纵方式改编自 Wan 等（2014），将被试随机分配到排斥与未受排斥两组。要求被试想象以下情景并写下他们的感受：被排斥组回忆的情景是，某一天朋友突然不再与被试联系，有活动也不会通知被试，被试主动联系朋友，也没有得到朋友的回复。未受到排斥组回忆的则是朋友邀请被试一起参加某项活动的情景。回忆及表明感受后，对所启动的社会排斥进行了操纵检验，并测量了被试的情绪状态。被排斥感检验包括感受到拒绝、忽视、冷落程度三个问题，得分越高表明被试被排斥感越强，情绪状态的检验包括感觉开心、愉快、悲伤、糟糕等 8 个问项（1 = 非常不同意，7 = 非常同意）（Williams、Cheung 和 Choi，2000）。

因变量的测量则是要求被试回答他们对一款高端设计师品牌服装品牌标志的偏好，品牌标志偏好由“很容易看到/完全看不到、看起来很大/看起来很小、非常明显/非常不明显、很容易惹人注意/很不容易惹人关注”四个问项构成，分数越高（9 级量表）表明被试的炫耀性消费倾向越强。

（三）实验结果与讨论

1. 群体实体性操纵检验

将被试的实体性感知三个问项平均化处理（$\alpha = 0.718$）对群体实体性进行操纵检验，2（社会排斥）×2（群体实体性）的方差检验表明，社会排斥不存在主效应（$M_{受到排斥} = 4.442$，$M_{未受排斥} = 4.276$；$F(1, 80) = 0.737$，$p = 0.393 > 0.1$，$\eta_p^2 = 0.009$），社会排斥与群体实体性也不存在交互作用（$F(1, 80) = 0.030$，$p = 0.863 > 0.1$，$\eta_p^2 = 0.000$），只有群体实体性存在主效应。与低实体性相比，高实体性启动组的群体实体性感知更强（$M_{高实体} = 4.643$，$M_{低实体} = 4.065$；$F(1, 80) = 6.825$，$p = 0.011 < 0.05$，$\eta_p^2 = 0.079$），因此，对群体实体性的操纵是成功的。

2. 社会排斥操纵检验

将被试感受到拒绝、忽视及冷落的程度进行平均化处理（$\alpha = 0.956$）

对社会排斥进行操纵检验，2（社会排斥）×2（群体实体性）的方差检验表明，群体实体性不存在主效应（$M_{高实体}=3.388$，$M_{低实体}=3.569$；$F(1, 80)=0.047$，$p=0.829>0.1$，$\eta_p^2=0.001$），社会排斥与群体实体性也不存在交互作用（$F(1, 80)=0.479$，$p=0.491>0.1$，$\eta_p^2=0.006$），只有社会排斥的主效应存在。与未受排斥相比，受到排斥的被试的被排斥感更强（$M_{受到排斥}=4.481$，$M_{未受排斥}=2.423$；$F(1, 80)=34.525$，$p=0.000<0.001$，$\eta_p^2=0.301$），因此，对社会排斥的操纵是有效的。接下来，对被试的情绪进行了检验，为保持量表的一致性，对于“糟糕”“悲伤”“生气”“冷漠”四个问项进行反向处理，8个问项得分越高越表明被试有好的情绪，将8个问项平均化处理（$\alpha=0.967$）。方差分析结果表明，群体实体性不影响被试的情绪（$M_{高实体}=4.424$，$M_{低实体}=4.494$；$F(1, 80)=0.277$，$p=0.600>0.1$，$\eta_p^2=0.003$），社会排斥与群体实体性不存在交互作用（$F(1, 80)=2.555$，$p=0.114>0.1$，$\eta_p^2=0.031$），而社会排斥则对被试的情绪产生了影响（$M_{受到排斥}=3.369$，$M_{未受排斥}=5.601$；$F(1, 80)=50.877$，$p<0.001$，$\eta_p^2=0.389$），表明受到排斥的被试其更容易产生消极情绪。因此，在接下来对因变量的分析中，将情绪代入结果分析中，对情绪的影响进行进一步分析。

3. 炫耀性消费偏好

将品牌标志偏好的四个问项进行平均化处理（$\alpha=0.916$），并用以衡量被试的炫耀性消费偏好。由于被试的情绪受到操纵的影响，因此，将情绪作为控制变量代入2（社会排斥）×2（群体实体性）的双因素方差检验中，分析结果表明，社会排斥（$F(1, 79)=1.427$，$p=0.236>0.1$，$\eta_p^2=0.018$）及群体实体性（$F(1, 79)=0.144$，$p=0.706>0.1$，$\eta_p^2=0.002$）均未显著影响被试的炫耀性消费偏好，情绪也未对被试的炫耀性消费偏好产生影响（$F(1, 79)=0.045$，$p=0.832>0.1$，$\eta_p^2=0.001$），更重要的是，社会排斥与群体实体性有显著的交互作用（$F(1, 79) = 4.294$，$p = 0.042 < 0.05$，$\eta_p^2 = 0.052$）。为进一步对炫耀性消费偏好的差异性进行分析，对交互作用进行了分解。与未受到排斥相比，源于高实体性群体的社会排斥会使得被试表现出更强的炫耀性消费偏好（$M_{受到排斥} = 5.402$，$M_{未受排斥} = 3.902$；$F(1, 79) = 4.551$，$p = 0.036 < 0.05$，$\eta_p^2 = 0.054$）；而源于低实体性群体的排斥，受到排斥与未受到排斥被试的炫耀性消费偏好并未表现出显著差异（$M_{受到排斥} = 4.376$，$M_{未受排斥} = 4.614$；$F(1, 79) = 0.137$，$p = 0.713 > 0.1$，$\eta_p^2 = 0.002$）。因此，H1 得以验证。各组结果如图 4-1 所示。另外，受到排斥时，高实体性与低实体性群体中被试的炫耀性消费偏好差异边际显著（$M_{高实体} = 5.402$，$M_{低实体} = 4.376$；$F(1, 79) = 3.081$，$p = 0.083 < 0.1$，$\eta_p^2 = 0.038$）；未受到排斥时，高实体性与低实体性群体中被试的炫耀性消费偏好没有显著差异（$M_{高实体} = 3.902$，$M_{低实体} = 4.614$；$F(1, 79) = 1.440$，$p = 0.234 > 0.1$，$\eta_p^2 = 0.018$）。

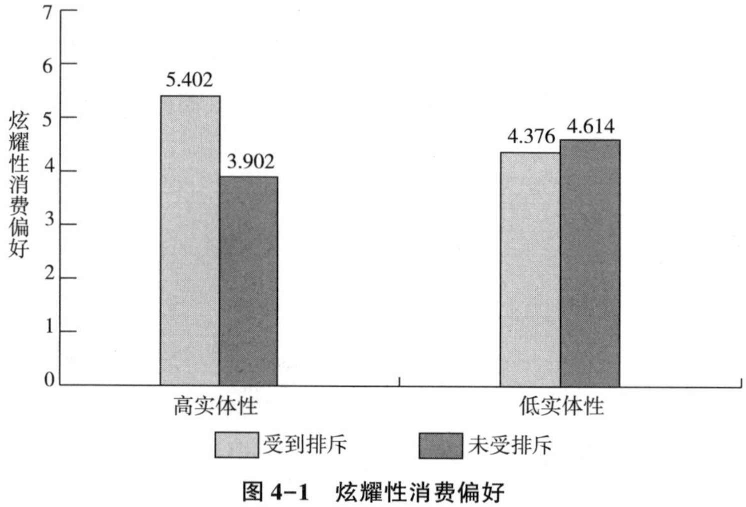

图 4-1　炫耀性消费偏好

研究一主要采用实验的方式对假设进行了验证，通过对社会排斥与群体实体性的操纵，研究发现，与未受到排斥相比，源于高实体性群体的社会排斥更容易强化消费者的炫耀性消费，而低实体性群体的排斥与否则不会影响消费者的炫耀性消费。研究一根据品牌标志的大小、显著性等对炫耀性消费加以识别；研究二则区分了炫耀性产品与非炫耀性产品，借助相关产品的花费衡量了消费者的炫耀性，并且进一步分析了社会排斥与群体实体性共同作用对消费者炫耀性消费影响的机理。研究二主要采用问卷方式，测量了相应的构念，对假设进行了检验。

四、研究二：想要与群体保持的关系程度的中介作用

（一）样本选择及数据收集

研究二通过互联网络随机选取样本收集问卷，共收到 185 份有效问卷，其中男性 73 人，女性 105 人，7 人未填写性别；年龄为 20~65 岁，大多集中于 25~35 岁（占 55.7%），其中 7 人未填写年龄；学历集中于大学本科及以上学历（占 56.3%），其中 7 人未填写学历；个人月收入集中于 2500~8000 元（占 60.1%），其中 13 人未填写月收入。

（二）问卷设计

根据以往学者对相关构念的研究，结合中国语言的表述方式，对问卷构成的题项进行了设计，原始问卷包括五部分内容。第一部分测量被访者感受到的社会排斥风险，包括“觉得群体里的成员可能会忽略我”“想知道群体里的成员是否想要回避我”“怀疑被群体里的成员拒绝了”等六个题项（1=完全不同意，7=非常同意）（Thau 等，2015）。第二部分测量被访者的群体实体性感知，包括“群体的凝聚力”“群体目标与理想一致

性”“群体对新成员的接受度”三个题项（Cavazza 等，2014）。第三部分借鉴 Ward 和 Dahl（2014）对品牌与理想自我或真实自我关系的测量，在一个有 7 种连续重叠圆圈的图片上表明被访者想要与群体成员保持何种程度的关系。第四部分测量被试对几种炫耀性产品的花费，包括“珠宝的花费”“奢侈品的花费”“大品牌标志奢侈品的花费”“大品牌标志产品的花费”“能够看到明显图案样式奢侈品的花费”五个题项（Wang 和 Griskevicius，2014），采用 9 级量表（1=远低于平均水平，9=远高于平均水平）测量，得分越高表明被访者有着较高的炫耀性消费倾向。第五部分测量被访者的性别、年龄、文化程度、收入等人口统计变量。

对于共同方法变异问题，本书采用了几种解决方法。首先，为避免可能由单一题项造成的共同方法偏差，对每个构念采用多个题项进行测量（Podsakoff 和 Organ，1986）。其次，采用 Harmon（1967）单因子检验的方法，结果未析出单独因子，也没有一个因子能够解释大部分的变量变异。

（三）结果分析

结果分析之前，将各构念的测量问题平均化处理，社会排斥风险、群体实体性感知、炫耀性产品花费各变量的 Cronbach's α 值分别为 0.847、0.801、0.910。社会排斥风险与群体实体性感知、想要与群体保持的关系程度的相关系数分别为-0.072、-0.135，群体实体性感知与想要与群体保持的关系程度相关系数为 0.537。

为检验假设，首先将炫耀性产品花费作为因变量，社会排斥风险和群体实体性感知作为自变量，并对自变量进行中心化处理，采用回归的方法对数据进行分析。结果显示，社会排斥会影响消费者的炫耀性产品花费（$\beta=0.294$，$t=2.786$，$p=0.006<0.01$，$d=0.416$），群体实体性的影响边际显著（$\beta=0.165$，$t=1.693$，$p=0.092<0.1$，$d=0.253$），更重要的是，社会排斥与群体实体性存在显著的交互作用（$\beta=0.151$，$t=2.047$，$p=$

0. 042<0. 05，d=0. 306）。

为分析社会排斥与群体实体性之间的相互关系，对交互作用进行进一步分解，分析两条回归线的简单斜率（Aiken 和 West，1991）。高实体性群体（高于均值一个标准差）时，与低社会排斥风险（低于均值一个标准差）相比，高社会排斥风险（高于均值一个标准差）条件下的消费者炫耀性产品的花费更高（β = 0. 499，t = 3. 779，p = 0. 000 < 0. 001，d = 0. 565）；低实体性群体（低于均值一个标准差）时，高社会排斥与低社会排斥条件下消费者对炫耀性产品的花费无显著差异（β = 0. 090，t = 0. 569，p = 0. 570>0. 1，d = 0. 085）。由此可以看出，高群体实体性条件下，社会排斥风险感知的提高能够增加消费者对炫耀性产品的花费，H1 得到支持。各组结果如图 4-2 所示。另外，高社会排斥风险时，与低实体性群体相比，高实体性群体条件下的消费者炫耀性产品的花费更高（β = 0. 356，t = 2. 807，p = 0. 006<0. 01，d = 0. 420）；而低社会排斥风险时，高实体性群体与低实体性群体条件下消费者对炫耀性产品的花费无显著差异（β = -0. 025，t = -0. 178，p = 0. 859>0. 1，d = 0. 027）。

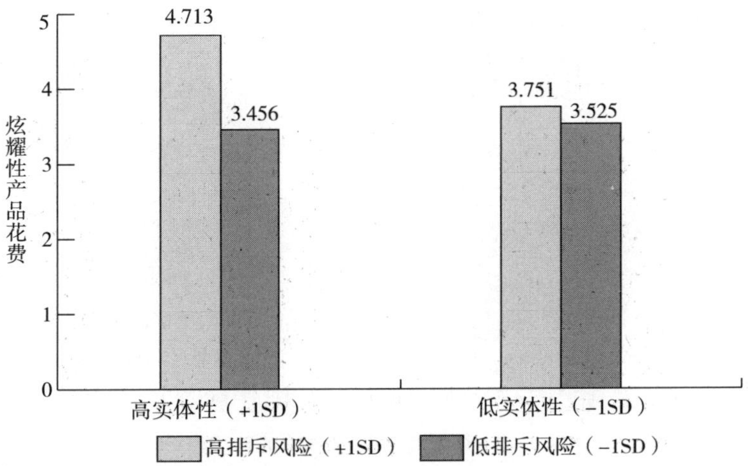

图 4-2 炫耀性产品花费

继续采用回归分析的方法，分析想要与群体保持的关系程度的中介作用。以中心化的社会排斥风险、群体实体性感知为自变量，想要与群体保持的关系程度为因变量。回归分析显示，群体实体性显著地影响了消费者想要与群体保持的关系程度（$\beta=0.705$，$t=9.667$，$p=0.000<0.001$，$d=1.445$），社会排斥风险对消费者想要与群体保持的关系程度没有显著影响（$\beta=-0.073$，$t=-0.921$，$p=0.358>0.1$，$d=0.138$），更为重要的是社会排斥风险与群体实体性二者存在显著的交互作用（$\beta=-0.132$，$t=-2.395$，$p=0.018<0.05$，$d=0.358$）。为验证 H2，对交互作用进一步分解，高实体性群体时，与低社会排斥风险相比，高社会排斥风险条件下消费者不太想与群体保持较为紧密的关系（$\beta=-0.252$，$t=-2.550$，$p=0.012<0.05$，$d=0.381$）；低实体性群体时，高社会排斥风险与低社会排斥条件下消费者想要与群体保持的关系程度没有显著差异（$\beta=0.106$，$t=0.901$，$p=0.369>0.1$，$d=0.135$）。由此可以看出，在高群体实体性条件下，社会排斥风险感知的提高，降低了人们想要与群体保持紧密关系的程度，H2 得到支持。各组结果如图 4-3 所示。

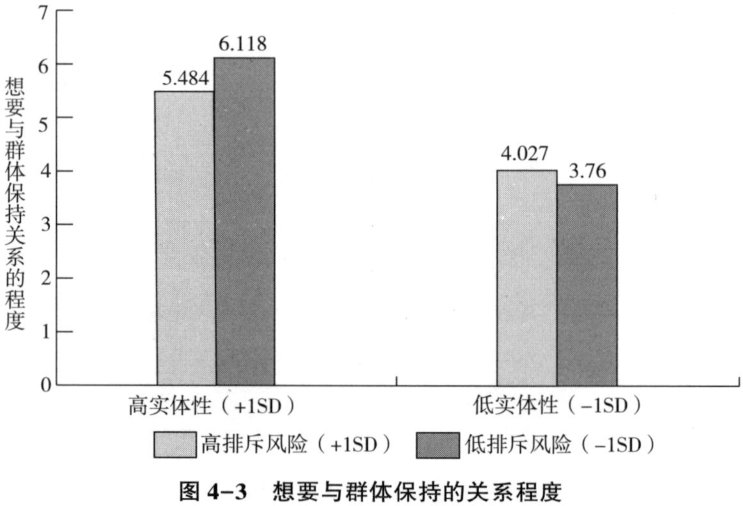

图 4-3　想要与群体保持的关系程度

接下来，对 H3 进行检验，即检验社会排斥风险与群体实体性对于消费者炫耀性产品花费的交互作用是否通过了消费者想要与群体保持的关系程度的影响。将消费者想要与群体保持的关系程度作为中介变量，采用回归分析的方法，对模型的调节中介作用进行分析（Hayes，2013）。将社会排斥风险、群体实体性及二者的交互项、想要与群体保持的关系程度代入回归公式，将炫耀性产品的花费作为因变量，采用 Bootstrapping 方法对中介效应进行检验，如果 95%的置信区间不包含 0，说明中介效应存在。结果显示，想要与群体保持的关系程度的中介效应显著（最高阶交互作用的间接效应为-0.027，95%CI=[-0.0801，-0.0004]），表明社会排斥风险与群体实体性的交互作用影响了消费者想要与群体保持的关系程度，进而影响了他们的炫耀性产品花费。H3 得到支持。具体对不同群体实体性条件下，想要与群体保持的关系程度的中介效应进行分析，研究发现，高群体实体性条件下，想要与群体保持的关系程度在社会排斥风险与炫耀性产品花费间起到中介作用（95%CI=[-0.1499，-0.0022]），效应为-0.050，而低群体实体性条件下，想要与群体保持的关系程度未在社会排斥风险与炫耀性产品花费间起到中介作用（95%CI=[-0.0155，0.1066]）。

本章除对炫耀性产品的花费进行分析外，还进一步分析了消费者非炫耀性产品的花费是否受到了社会排斥与群体实体性的共同影响。对于炫耀性与非炫耀性产品的选取，本书参照了 Wang 和 Griskevicius（2014）的研究结果，并增加了其他几项产品，测量问项样本收回后，通过探索性因子分析对所选产品进行了分析。探索性因子分析归纳出两类因子，“珠宝”“奢侈品”“大品牌标志奢侈品”“大品牌标志产品”“能够看到明显图案样式的奢侈品”被归入一类，将其界定为炫耀性产品（已完成了假设的验证过程），而“洗衣机”“电视机”“电冰箱”“台灯”则被归入非炫耀性产品。将被访者对于非炫耀性产品的花费平均化（$\alpha=0.757$）处理作为因变量，将中心化处理后的社会排斥风险与群体实体性感知作为自变量，回归分析结果显示，社会排斥与群体实体性均未影响非炫耀性产品的花费（$\beta=0.101$，$t=1.015$，$p=0.311>0.1$，$d=0.152$；$\beta=0.077$，$t=0.840$，$p=0.402>0.1$，$d=0.126$），并且消费者非炫耀性产品的花费并未受到社会排斥与群体实体性共同作用的影响（$\beta=0.090$，$t=1.290$，$p=0.199>0.1$，$d=0.193$）。由此可以看到，群体实体性并未强化或弱化社会排斥与消费者非炫耀性产品消费的关系。

研究二从炫耀性产品与非炫耀性产品两个角度对社会排斥与群体实体性的共同作用进行了分析，炫耀性产品的分析验证了 H1，而群体实体性则并未对社会排斥与非炫耀性产品花费间的关系起到调节作用，研究表明，源于不同实体性群体的排斥会影响消费者的炫耀性消费。研究二进一步通过调节中介作用的探讨，发现消费者想要与群体保持的关系程度会影响其对炫耀性产品的花费，并且该关系的紧密程度在社会排斥与群体实体性共同作用与炫耀性产品花费间起到中介作用。

五、本章小结

基于前人对社会排斥及群体实体性的研究，本章采用实验和问卷调研两种方法研究了社会排斥及群体实体性对消费者炫耀性消费行为的影响。实验与问卷研究的结果均显示，遭受到源于高实体性群体的社会排斥时，消费者更偏爱炫耀性产品，愿意为炫耀性产品花费更多，而考虑的是较低的群体实体性时，排斥与否并不会对此类消费者产生影响。研究二又进一步分析了社会排斥与群体实体性共同影响消费者炫耀性消费的中介因素在于被排斥者想要与群体保持紧密关系的程度，即社会排斥与群体实体性会共同作用于消费者想要与群体保持紧密关系的程度，并进而对其炫耀性消费行为产生影响。受到排斥的消费者倾向于选择炫耀性产品以表明其不想与该群体保持较紧密的关系，从群体实体性角度分析，作为群体观察者的个体感受到社会排斥时，对高实体性群体所带来的安全感及信任感可能会降低，对群体认同有所下降，因此，不希望与该群体有较亲近的关系，可能借机以寻找到更合适的实体性群体，而消费行为领域中，炫耀性产品的使用可以表明其想脱离该群体的意图。受到排斥后，人们可能会产生一定的叛逆或攻击性行为（Twenge 等，2001，2007），而炫耀性产品的象征意义在某种程度上能够使其具有一定的竞争功能（Wang 和 Griskevicius，2014），并且在某种程度上具有一定的自我保护功能（Sivanathan 和 Pettit，2010）。因此，高实体性群体中，与未受排斥相比，受到排斥的消费者会对炫耀性产品表现出更高的偏好。同样地，源于高实体性群体的排斥使人们对群体的凝聚力、一致性等产生质疑与失望，炫耀性产品是一种信号，也是一种实现自我保护的方式，那么是否对群体价值予以肯定后，消费者就会降低对炫耀性产品的消费倾向，本书将在第五章进一步探讨群体肯定与群体实体性对于社会排斥与消费者炫耀性消费间关系的共同作用。

第五章 自我肯定与群体肯定对炫耀性消费的影响研究

社会排斥的存在更多的是被看作对个体的一种威胁（Ward 和 Dahl，2014）。大多数研究表明，当人们面对已感知到的真正的或即将发生的威胁时，其自身所具备的心理免疫系统能够启动他们的保护适应性（Gilbert、Pinel、Wilson、Blumberg 和 Wheatley，1998）。心理适应性包括了各种不同的认知策略甚至是认知扭曲，人们可以借助认知策略去解释他们的处境，以此减少威胁对他们个人价值及幸福感的影响。从应对威胁的角度看，心理适应性可以被看作人们的一种防御本能，它能够改变人们看待事物的方式并保护人们不会产生观念或行为上的偏差（Sherman 和 Cohen，2006）。

心理学家已研究了一系列帮助人们应对威胁以保护其自我完整性的心理适应性行为，如人们会选择性地认为自己应该对事件的积极结果负责，而将消极结果出现的原因归咎于他人（Greenwald，1980；Taylor，1983；Miller 和 Ross，1975）。面对疾病存在的威胁时，人们不愿意考虑对其健康有利的信息而去改变他们有损健康的风险行为（Kunda，1987；Jemmott、Ditto 和 Croyle，1986）。学生可能不会对其失败领域的个人重要性予以认同或者重视，因此依然维持自我价值却排除了改进的机会（Steele，1997；Major、Spencer、Schmader、Wolfe 和 Crocker，1998）。人们会对他们未来成功的预测及目标知识和能力的估计过度乐观（Dunning、Griffin、Milojkovic 和 Ross，1990；Kruger 和 Dunning，1999）。这些保护自己免受负面结果影响的防御适应性在某种程度上对人们的生理健康和心理健康是有利的（Taylor 和 Brown，1988）。尽管上述的应对策略可能有些消极，但是借助不同视角对于事件的解释，使人们能够更有效地应对生活中所出现的威胁。Armor 和 Taylor（2002）指出，尽管在某些情境下，人们乐观和积极的幻想可能被夸大，但是人们自我防卫意识在心理学研究中则是常见的。防御性反应是一种缓解自我完整性威胁的行为（Sherman 和 Cohen，2006），在防御性反应实现的多种方式中，自我肯定的认知策略可以减少甚至消除人们的所有防御适应性（Sherman 和 Cohen，2006）。自我肯定有助于肯定自我的完整性（Steele，1988），帮助个体产生对未来的控制感，控制感的增强可以帮助人们更好地适应外部环境的变化（张嘉玮和罗晓红，1993）。结合本书研究的社会排斥问题，本书认为为应对人际交往中的威胁，受到排斥的消费者在不同的情境下可能会借助炫耀性消费以保护自我、缓解威胁。然而，当对被排斥者的自我价值或对其所在群体价值进行肯定后，消费者的自我完整性得以恢复，那么其炫耀性消费倾向就有可能降低。本章在第三章、第四章的基础上从消费者心理保护的角度，进一步探讨社会排斥所带来的消费者炫耀性消费倾向提升的影响机理，分析了自我肯定与群体肯定在缓解消费者心理威胁方面的重要作用。首先对自我肯定的相关研究进行梳理，群体肯定只是将自我肯定扩展到了群体肯定的层面（Sherman 等，2007），因此并未对其相关研究进行展开。

一、自我肯定相关研究

（一）自我肯定的基本理论

Steele（1988）首先提出了自我肯定理论，他认为自我系统的总体目标是保护形象的自我完整性，即自我肯定理论的假设是人们有动机去维持自我的完整性（Steele，1988；Aronson 等，1999；Sherman 和 Cohen，2002）。完整性总体上是指将人视为好人或合适的人，人们会根据不同的标准去界定完整性，这些标准不仅包括智力、理性、独立自主对重要结果发挥控制力的重要性，还包括成为一个好的群体成员及维持亲密关系的重要性。当自我完整性受到威胁时，人们会采用自我肯定的认知方式去恢复自我价值。自我完整性的威胁多种多样，人们会对他们眼中或他人眼中感知到的可能会威胁到他们自我完整性的事件或信息保持高度的警觉。完整性受到威胁时，人们保护自我完整性的目的得以强化，并且可能采用一些心理或行为上的改变去恢复或重新肯定自我的完整性。

自我肯定框架中的研究集中于关注与特定刺激性威胁不相关的自我完整性的肯定是否能够减轻或者消除人们对于威胁的正常反应。如果可以的话，可以推断人们有动机通过自我肯定去保护自我完整性。Sherman 和 Cohen（2006）指出自我肯定的研究架构包含了四个基本假设：①人们有动机去保护自我完整性及自我价值。②保护自我完整性的动机能够导致防御性反应。③自我系统具有一定灵活性。④通过参与到提醒其自我身份的活动中以肯定自我。

对于威胁所产生的心理障碍，Cohen 和 Sherman（2014）认为自我肯定提供了两种途径去解除心理障碍：

1. 缓解威胁（减少心理威胁）

尽管人们可能会面对一些不利局面，但自我肯定能够确保人们的完整性。社会关系使自我肯定具有这一能力。感觉到社会支持或看到所爱之人图片的人，即使面对压力，也不会感受到过多的恐惧、威胁及痛苦（Master 等，2009）。同样地，当人们处于紧张的社会评估中时（如在陪审团面前辩论），那些思考过个人重要价值观的人并不会出现应激激素皮质醇的上升（Creswell 等，2005）。社会支持与价值肯定并不会消除压力源，只是人们将压力源放置于更大的情境中，在一个大的情境中寻求适应性。自我肯定的人不太会受到心理威胁的影响，他们能够更好地整理他们的认知资源以满足即将到来的任务的需求，如在压力下解决更多创造性问题（Crewell 等，2013）或在耗损的情境中更好地发挥自我控制力（Schmeichel 和 Vohs，2009）。

2. 降低防御性（防御性适应）

自我肯定可以降低防御性反应，适应性地去保护自我免受威胁（Sherman 和 Cohen，2006）。防御性反应不仅包括自我的调整策略，如否认自己对失败负有责任并选择性地对成功进行归因，还包括各种不同的适应性，如人们可以通过诋毁他人以肯定自我，否认现实、拒绝反思，甚至借助大量饮酒及其他化学方法的逃避（Steele、Southwick 和 Ctitchlow，1981）去应对自我的威胁。这些防御适应性可以被看作心理免疫系统（Gilbert 等，1998）。尽管这些防御能够在短期内保护自我完整性，但是从长期来看，却会表现出增长性的破坏并且显示出自我挫败。有时抑制防御性反应的自我肯定也能够起到改变的作用，研究表明，一个领域中的防御性否认、偏见、曲解会通过对另一领域的自我完整性肯定而减少。例如，自我肯定的个体更能够接受有关个体行为与患癌症风险存在一定相关性的科学报告（Sherman、Nelson 和 Steele，2000）。

Steele（1988）认为可以通过两种方式应对威胁：一种是通过防御性反应直接降低威胁，另一种是肯定自我完整性中的其他价值。这种面对威胁时实现保护自我完整性需求的自我肯定能够帮助人们应对威胁事件及信息，而不依赖于防御性偏差。Sherman 和 Cohen（2006）则提出了三种威胁应对方式：第一种是适应威胁，即对于威胁信息的接受，并基于这些信息做出态度和行为的改变。第二种是通过直接的心理适应以减轻威胁的影响，人们会以某种方式对威胁不予理会、否认或规避。虽然直接的适应性保持了事件的基本信息价值，但是也改变了人们对事件的解释，如将失败解释成一种学习机会（Dweck 和 Leggett，1988）。第三种是既能够恢复自我完整性，又能够适应性地去改变行为的自我肯定。人们可以借助间接的心理适应性去肯定其他与威胁不相关的个人价值以应对威胁。这些“自我肯定”不仅包括与威胁不相关的影响人们生活的重要内容，也包括参与那些与威胁不相关的能够显示出其个人价值的其他事情。自我肯定在帮助人们恢复自我完整性的同时，也为其提供了学习的机会。总之，肯定帮助人们维持了其威胁情境中的个体适应性，它既能缓解个体对于威胁的反应，也能够降低人们的防御性反应。与当前自我威胁不相关的重要价值观的凸显，使人们能够不受自我威胁的影响，保持自我的完整性感知，从而对其行为产生影响。

（二）自我肯定对人们心理及行为的影响

自我肯定的相关研究集中于关注肯定对人们心理及行为的影响，相关研究领域涉及教育、健康、群体间冲突及人际关系影响的研究。

1. 自我肯定对教育的影响

Cohen 和 Sherman（2014）指出，种族、性别、移民身份及其他群体成员资格能够对整个群体在学习及工作环境中带来威胁。大量研究表明，社会认同的威胁（意识到会被人们所在的群体看低）能够使人产生紧张感并且影响人们的学业表现（Inzlicht 和 Schmader，2011；Steele、Spence 和 Aronson，2002）。人们会被赋予一定的刻板印象，如女性在数学、物理及科学课程的表现相对较差（Miyake 等，2010），非裔及拉丁裔美国人的智力水平较低等（Cohen 等，2009；Cook 等，2012；Sherman 等，2013）。实验室研究表明，自我肯定能够提升受到负面刻板印象影响的学生的学业表现（Martens 等，2006；Shapiro、Williams 和 Hambarchyan，2013；Taylor 和 Walton，2011），并且自我肯定的影响对学业表现具有一定持续性

(Cohen 等，2009)。Cohen 等（2009）指出，学生在学习中感觉受到刻板印象威胁时，教师应及时干预，通过一系列有效手段帮助学生实现自我肯定以提高学生的学业表现。自我肯定能够提升学生的自信心，而源于教师的高期望又会进一步使学生得到肯定，这一重复的循环最终提升了学生的学业表现（Cohen 和 Sherman，2014)。自我肯定理论对学生学业表现的提升有很好的促进作用。

2. 自我肯定对健康的影响

人们大都认为自己是健康的，所以当人们的这一想法被否定或质疑时，他们就会感受到威胁（Cohen 和 Sherman，2014)。与健康相关的威胁有多种形式，如节食可能会诱发心脏病，检查时的放射线可能会增加患癌症的概率，甚至去医院看病也会增加人们的压力（Havranek 等，2012)。而持久的压力又会驱使人们去医院看病（Taylor，2010)。Cohen 和 Sherman（2014）指出，自我肯定的干预不仅可以治愈疾病，而且会促进其他与健康相关积极因素影响的产生，如健康信息的关注、术后护理信息的关注、将健康生活作为生活目标等。一方面，自我肯定能够降低防御性。面对健康威胁时，自我肯定能够使人们更好地接受疾病及治疗疾病所带来的影响，副作用更大的疾病得到肯定后，人们能够以更合理的方式和态度去应对（Sherman 和 Cohen，2006；Klein 等，2011)。这种肯定的态度和动机也具有一定持久性（Harris 等，2007；Harris 和 Napper，2005)。另一方面，自我肯定能够缓解压力。长期的压力能够威胁人们的自我完整性(Keough 和 Markus，1998)，并且增加了人们对其适应性的质疑（Sherman 和 Cohen，2006)，而价值观的肯定则通过将人们的注意力转移到其他适应性领域而缓解人们的压力。人们自身的压力不仅包括学习所带来的压力(Sherman 等，2009)，还包括健康关注所带来的压力（Taylor，2010)。自我肯定能够帮助人们更好地面对压力，如帮助人们正确认识疾病，使其能够更好地应对长期疾病压力所带来的不利影响，进而提高生活质量（Cohen 和 Sherman，2014）。对于患有癌症的患者，自我肯定不仅能够帮助他们重新评估癌症，更重要的是还能够帮助人们对自身进行重新评估（Cohen 和 Sherman，2014）。

3. 自我肯定对群体间冲突及人际关系的影响

人们想要拥有良好的关系，并且希望更公平地解决关系中的不一致，但是这些动机与维持人们自我完整性的动机可能会产生冲突。由于社会价值会影响人们的自我价值感（Leary，2005），人们可能更容易感知到其关系中的威胁，而这种敏感性可能会引起伤害性的防御行为。肯定的干预能够减轻这一防御性并使其朝着更正确的方向发展。已有研究表明，肯定能够减少人际之间与群体间的防御行为并促进人际与群体间的信任、和解与亲密性的建立（Corcker、Niiya 和 Mischkowski，2008）。

从群体冲突的视角来看，当人们对与争论内容无关的领域进行肯定后，他们会对其他与认同威胁相关的政治信息持有更开明的态度并且不会在谈判中表现得那么固执（Cohen，2012）。对于以色列人和波斯尼亚人（历史上存在争议的地区），自我肯定了的被试更可能承认他们中一方对另一方群体所引发的不道德行为，并且支持对那些受到伤害的人进行赔偿（Čehajić-Clancy 等，2011）。谈判中，肯定能够减轻受限于所拥护立场不同的党派间认同的承诺升级（Sivanathan 等，2008）。肯定之后，人们不太可能诋毁谈判中对手所提出的让步条件（Ward 等，2011）。

从人际关系的视角来看，关系具有一定循环与动态性，并且与人们的自我与幸福感密切相关，自我肯定的干预会对人际关系产生一定影响。在婚姻关系中，自我肯定能够帮助人们缓解关系中的不安全感（Overall、Simpson 和 Struthers，2013），威胁的降低可以减少人们的防御性并且有助于消除夫妻间的分歧（Murray 等，2006）。对处于长期关系中的低自尊的人，自我肯定能够降低其对他人疏远的防御性反应，并帮助他们调整失去伙伴感情的风险（Jaremka 等，2011）。面对关系威胁（想要对其伙伴保密的个人特质）时，自我肯定的低自尊被试表现得不太倾向于诋毁他们的伙伴，也不太想去实施一些破坏关系的行为（如发起争论）。关系的不安全感也会使人们采纳不符合自己但却属于自我保护的社会行为，该行为也存在一定风险性，它可能强化他人的拒绝及自身的不安全感（Stinson 等，2011），而价值观的肯定则可以中断这一负面影响并使关系进入积极建立的轨道。受到肯定后，关系不安全感的被试不仅对其家庭及恋人表现出更强的自信心，而且会在与陌生人的交往中表现得更为放松和积极（Stinson 等，2011）。

在对关系解释方面，Cohen 和 Sherman（2014）指出，小的积极改变的积累可以强化人们对关系中更大变化的容忍阈值，而这些变化又会促进关系的进一步和谐发展，更为深入的自我肯定可以触发该适应性循环的产生，并最终影响人们的信任、幸福感及健康程度（Cacioppo 和 Patrick，2008）。在有关低自尊者关系逃避问题的研究中，Marigold、Holmes 和 Ross 等（2007）认为自我肯定可以改善低自尊者的状态。他们让恋爱中的大学生回忆恋人对其赞美的经历，并要求其解释恋人赞美他的原因。研究发现，与未受到肯定的控制组相比，恋人的赞美使低自尊者对其关系及其自身感受到更强的安全感，并使他们对恋人的感情表现得更为自信，对两人未来的关系更为乐观，表现出更积极的个人价值感。这种对关系安全感干预的效应可以持续至少两周的时间，并且会真实地改变参与者与恋人间的关系。Marigold 等（2007）发现，两周之后，受到肯定的参与者认为他们的恋人对他们表现出更多的扶持及更少的挑剔，但是他们的另一个研究也表明，参与者的恋人可能会对他们提出更挑剔和苛刻的要求（Marigold、Holmes 和 Ross，2010）。

二、消费行为领域中自我肯定的研究

根据自我肯定理论（Steele，1988），大多数人渴望维持一个正面的自我形象，而自我形象的维持可以借助产品的选择得以实现（Aaker，1997；Belk，1988；Levy，1959；Sirgy，1982）。当人们遇到不利或有威胁时，为应对这些不利或威胁的自我感知，人们不仅会聚焦于他们正面的个人品质（Baumeister，1982），也会倾向于寻求拥有那些能够帮助其恢复自我完整性的具有象征意义的产品（Gao、Wheeler 和 Shiv，2009）。由于产品或品牌具有一定符号化的象征意义以及自我肯定对威胁的缓解及防御性作用，人们遇到威胁时，一方面，由于自我价值得到肯定，人们可能不太关注那些能够缓解人们威胁感的产品（Gao、Wheeler 和 Shiv，2009）；另一方面，自我肯定可能强化人们对特别的差异化产品（Wan、Xu 和 Ding，2014）或与自我认同相关产品（White 和 Argo，2009）的偏好。在消费行为领域，自我肯定往往被用于应对威胁信息对人们消费行为的影响。

（一）自我肯定后不再购买与威胁直接相关的产品

Gao、Wheeler 和 Shiv（2009）认为，当人们意识到其所处环境存在某种威胁时，自我信心的恢复可以借助产品的选择得以实现，指出对自我认知的暂时怀疑（短暂的自我动摇）会使人们有动机选择合适的产品去强化其原有的自我认知。然而，当自我肯定后，产品对自我信心的恢复则不会起到显著作用。Gao 等（2009）的研究指出，当个体对其智力状况不确定时，实验参与者会对购买与智力相关的物品表现出更大的兴趣，如借助钢笔的选择以强化他们的自我观念。然而，当人们得以自我肯定后，相关物品选择效应则有所减弱。研究二中，他们利用惯用手与非惯用手启动人们的威胁感，使人们感知到自我的动摇。结果发现，未受到肯定时，与未感知到威胁相比，感知到威胁的被试更多地选择了健康食品，而受到肯定后，感知到威胁与未感知到威胁的被试对健康食品的选择并未显示出显著差异。从另一角度分析，感知到威胁时，与未受到肯定相比，受到肯定的被试选择健康食品的比例显著降低，自我肯定作为一种间接手段缓解了威胁对人们产品选择的影响。Sivanathan 和 Pettit（2010）从地位产品选择角度分析了自我肯定在威胁与人们产品选择间的调节作用。他们认为，人们会借助炫耀性的消费显示其财富，而炫耀性消费决策的产生源于人们个体自我完整性的心理需求。他们的研究发现，为抚慰被试的心理创伤，受到威胁的被试会寻求高地位产品的所有权，而当人们借助其他路径（如自我肯定后）修复其自我完整性时，他们对高地位产品的支付意愿则有所下降。自我受到威胁时，感受到威胁的个体会寻求间接的补偿机会并恢复他们的整体自我价值感，而自我肯定则在某种程度上影响了产品对自我的修复。Townsend 和 Sood（2012）的研究分析了自我肯定条件下人们对功能性产品及有审美价值产品的选择，研究发现，自我肯定能够显著降低人们对高美学价值产品的选择，而人们对功能性产品的选择则不会受到自我肯定的影响。Chatterjee、Irmk 和 Rose（2013）从禀赋效应的视角，分析了失去与自我相关物品所带来的自我威胁会导致人们去强化与自我相关物品的价值，研究发现，某一领域的肯定有助于缓解人们对与自我相关物品价值的强调，自我肯定后人们的自我完整性得以恢复，因此失去物品的威胁有所降低，禀赋效应得以缓解。自我肯定可以调节自我威胁下人们对物品的依恋强度，当依恋关系足够强时，自我肯定可以抵消人们增加了的威胁感（Chatterjee 等，2013）。

（二）自我肯定后会强化与威胁相关产品的购买

Wan、Xu 和 Ding（2014）则从不同视角分析了自我肯定的价值，他们认为自我肯定并未缓解人们对独特产品的寻求，反而认为尽管受到社会排斥的威胁，但是自我肯定能够强化人们对其自身稳定及积极自我的看法。因此，这些个体不太有动机去寻求重新联系并且更可能将排斥经历解释为一种独特性指示器，而不是负面地将其归咎于他人对他们的厌恶。Wan 等（2014）认为自我肯定提升了被排斥者对独特产品的偏好，并且让他们肯定了其是独特个体的看法。White 和 Argo（2009）也得出了与 Gao 等（2009）不一致的研究结论。消费者出于保护和维持自我价值感的需求，不会选择威胁他们社会认同的产品，他们的研究显示，低自尊者本身就会表现出社会认同规避的反应，而在社会认同受到威胁的情况下，高自尊者仍会维持品牌与认同的关联性。由于自我肯定能够帮助人们对自己产生积极的评价，因此自我肯定能够缓解低自尊者的规避反应，即他们不太会回避品牌与认同的关联性。自我肯定后，消费者对那些威胁到其身份认同产品的购买意愿会有所提高。

White、Argo 和 Sengupta（2012）的另一研究则通过对消费者自我构念的分析，既得到了与 Gao 等（2009）一致的结论（组合效应），也得出了与 White 和 Argo（2009）一致的结论（游离效应）。他们从产品与消费者自身相关性的角度分析了消费者产品选择时的游离效应（Dissociatve Effect）和组合效应（Associative Effect），研究发现，对于独立自我的被试，独立自我得到自我肯定后，威胁与否并不会影响被试对产品的评价，自我肯定能够抵消独立自我产品评价时的游离效应，而这一效应在得到群体肯定及控制组的独立自我被试中则不会出现。对于相依自我的被试，相依自我得到群体肯定后，威胁与未威胁条件下，被试对产品的评价则没有显著差异，群体肯定有助于抵消相依自我产品评价时的组合效应，而这一效应在得到自我肯定及控制组中也未出现。他们的研究针对独立与相依自我两种类型的消费者进一步分析了自我肯定与群体肯定的影响。感受到威胁时，独立自我得到自我肯定后，消费者产品选择的游离效应降低，即他们能够去选择那些与自我身份相关的产品；而相依自我群体得到肯定后，消费者产品选择的组合效应降低，即这类消费者对那些与自我身份不太相关的产品的购买意愿会有所提高。

（三）自我肯定对其他消费行为的影响

自我肯定还会影响消费者的抱怨行为，Dunn 等（2012）从消费者产品使用失败经历的角度进行分析，他们将消费者由于不熟悉使用方法所导致的产品失败归结于产品内部原因，如果产品失败的内部原因是自我威胁，那么肯定其他的自我概念可以减少消费者抱怨行为的负面结果。他们的研究二发现，对于产品失败内部原因的归咎，当消费者没有机会抱怨时，肯定与否并不会改变人们对产品或品牌的态度，而获得抱怨机会时，与未受到肯定相比，受到肯定的被试会显著地提升对产品或品牌的态度。从另一角度来看，得到肯定后，抱怨与不抱怨并未显著影响人们对产品或品牌的态度。只有在未得到肯定的条件下，才能看到抱怨对产品或品牌态度的作用。因此，没有机会抱怨时，消费者才会给予产品更高的评价，抱怨时反而会降低消费者对产品或品牌的态度。Dunn 等（2012）指出，受到自我肯定的消费者不会对产品失败感到威胁，并且不会使用抱怨转移责任。因此，抱怨之后不会降低对产品或品牌的评价，肯定减轻了消费者的负面评价。他们还发现，自我肯定不仅缓和了人们对产品或品牌的负面评价，还会影响人们抱怨的内容，对于由于消费者自身原因导致的产品失败，消费者在抱怨的时候更倾向于提供建设性的建议，以便企业对产品做出相应的改进。

消费行为学领域的研究对自我肯定的应用已有所涉及，自我价值的肯定会对消费者的消费行为产生影响，但是依据不同的情境，自我肯定对消费者行为产生了不同的影响。受到威胁，而得到自我肯定的消费者，要么继续选择那些曾对其形成威胁的产品，要么会选择其他产品，产生这一差异的原因可能在于人们自我肯定关注的核心价值有所差异。除了会影响产品选择或购买行为，其他的如消费者的抱怨行为也会受到自我肯定的影响。消费者行为有关自我肯定的研究实质上就是利用自我肯定来调整人们应对威胁的方式，本书进一步丰富了自我肯定在消费行为学领域的研究，强调自我肯定或群体肯定在社会排斥与消费者炫耀性消费间的作用。

三、研究假设

（一）自我肯定及内隐自我的调节作用

有效的拒绝被认为是对个体的一种自我威胁（Ward 和 Dahl，2014）。以往研究表明，感知到社会排斥的威胁时，借助自身状态的改变人们可以调节受到排斥后的反应。Nezleck 等（1997）发现，尽管受到拒绝会对所有实验参与者带来痛苦的感受，但是与那些低自尊的人相比，高自尊的参与者并未表现出很强的痛苦感。另一项研究中，相比于接受的启动，潜意识拒绝的启动会导致低自尊参与者更为消极的自我描述，而高自尊者则会更为积极地进行自我描述（Sommer 和 Baumeister，2002）。这些研究表明，相比于那些较弱或有着不太积极自我观念的人，拥有较强的或者更积极的自我观念的人更能够缓解威胁对他们的影响并且会有不同的行为反应。

自我肯定的相关研究已经表明，强化整体自我感知行为的自我肯定能够提升人们的自我观念并且使人们能够识别并及时采取措施应对自身所感知到的威胁。例如，肯定了核心价值观的人能够承认威胁健康信息的风险（Sherman、Nelson 和 Steele，2000），识别出反对意见中有价值的观点（Cohen、Aroson 和 Steele，2000），维持自我控制感而不在乎自我调节资源的损耗（Schmeichel 和 Vohs，2009）。本书认为，社会排斥是对个体人际关系的否认，对个体的自我概念形成威胁，而心理威胁前的自我肯定能够帮助人们规避威胁所带来的伤害性后果（Koole 等，1999；Sherman、Nelson 和 Steele，2000）。自我肯定后，人们可以不借助相应产品的选择以恢复自信（Gao、Wheeler 和 Shiv，2009），Ward 和 Dahl（2014）的研究也指出，受到威胁前，如果对人们的自我概念进行肯定，那么人们可能不太倾向去归属于拒绝他们的群体，因为他们的自我观念是坚定的，并且他们不太需要群体去作为一种肯定他们自我的方式（Sherman 等，2000）。

基于以往的研究发现，本书认为尽管受到社会排斥的威胁，不同内隐自我的消费者可能会对炫耀性产品表现出不同的偏好，然而自我肯定能够强化人们对自我真正价值的关注，从个体角度分析，自我肯定缓解了人们对炫耀性产品的追求，即自我完整性价值的肯定使人们不再关注炫耀性产品。Sivanathan 和 Pettit（2010）的研究发现，威胁的存在使低地位的消费者倾向于选择高地位的产品，而自我肯定对自我完整性的强化后，消费者的高地位产品支付意愿显著下降。因此，本书认为，社会排斥的出现，会使人们采取不同的应对策略以缓解威胁对自身的负面影响。对于不太喜欢改变的实体论者来说，炫耀性产品确实可以帮助他们改善自己不被关注或满足其内在自尊心的作用，但是自我肯定的强化，可以缓解其对炫耀性产品的关注，使其更在意自我的完整性。因此，自我肯定后，实体论者的炫耀性产品购买倾向并不会受到排斥与否的影响。而渐变论者认为，通过自己的努力人们可以做出一些改变，然而由于炫耀性产品在某种程度上不能表明其能力的提升，因此排斥与否对其炫耀性产品的购买倾向并不会产生影响。渐变论者对自我价值的认知源于能力的改变，对于渐变论者来说，自我肯定并不能从根本上改变人们的真实能力，因此自我肯定并不会改变渐变论者因社会排斥而带来的炫耀性产品购买倾向的变化。据此，提出如下假设：

H1a：未受到自我肯定条件下，与未受到排斥相比，社会排斥会提高实体论者对炫耀性产品的选择，而排斥与否未使渐变论者的炫耀性产品选择表现出显著差异。

H1b：自我肯定条件下，消费者所持有的实体论或渐变论均未影响社会排斥与其炫耀性产品选择间的关系。

（二）群体肯定及群体实体性的调节作用

基于以往的研究发现，社会排斥是定义和维持人们自我概念的一个重要因素（Cialdini 和 Richardson，1980）。社会心理学的研究认为，人们有归属于社会群体的内在需求，通过归属的群体定义和肯定他们的身份。因此，源于这些群体的社会排斥可能表现出对其群体成员资格的威胁并且会影响他们的行为（Baumeister 和 Leary，1995；Lee 和 Shrum，2012）。受到排斥后，人们会付出更多的努力去重新建立他们在群体中的社会地位，这也会使人们表现出服从、改变态度、努力工作，并且可能以一种讨人喜欢的方式去展示自己，其目的是希望获得接纳（Williams、Cheung 和 Choi，2000；Williams 和 Sommer，1997）。Mead 等（2011）发现，受到排斥后，人们会策略性地进行消费，选择那些排斥者所使用的产品或品牌以获取归属感，为了归属于排斥者与其建立和谐的社会关系，人们甚至愿意牺牲个人的幸福感。

人与人或人与群体之间所识别出的拒绝信号会对人们产生不同的影响，而这一影响又依赖于人们对拒绝发起者有怎样的渴望（Ward 和 Dahl，2014）。Ward 和 Dahl（2014）研究指出，消费者遭遇到品牌排斥，如果这些品牌是他们非常渴望的品牌，品牌概念与他的自我概念有着较高的一致性，那么越是遭遇到以销售人员所代表的品牌的排斥，消费者越倾向于购买该品牌。而 Wan、Xu 和 Ding（2014）则指出原因的不可改变，使得受到排斥的消费者更倾向于借助独特性产品的选择去肯定自己。遭遇到社会排斥时，为应对排斥的影响，人们会对排斥的来源进行分析，出于对个体自身利益的关注，人们更多地会考虑排斥所产生的群体对其未来发展的重要作用，对于高实体性群体，由于该群体本身就具备较高的凝聚力与一致性，并且与人们已经发生了长期的联系，虽然受到排斥后个体可能对其认同度有所下降，使人们想要借助炫耀性产品的使用表明其不太希望与该群体保持更为紧密的关系。但是群体肯定的出现，则会转移人们对于排斥风险的关注，即脱离该群体可能会给被排斥者带来更多利益的损失，因此，群体肯定可以缓解高实体性群体的排斥对人们行为的影响。

以往群体肯定的研究主要强调群体间的比较（Sherman 等，2007），当进行群体间的比较时，低地位群体的成员自发地会强调其自我特性的重要性而不是与高地位群体成员共有的更具优势的特性（Lalonde，1992；Spears 和 Manstead，1989）。另外，虽然被排除在内群体之外，但是那些强调内群体积极特性的个体仍会表现得更为自信，并且不太可能害怕失败（Derks、van Laar 和 Ellemers，2006）。本书认为，虽然群体肯定出现于群体之间的比较，但是借助群体其他重要价值的强调可以帮助个体恢复对群体的重新认识（Sherman 等，2007），由于人们对高实体性的内群体具有更高的熟悉度，脱离该群体选择新的归属群体可能为其带来一定的风险。因此，对群体进行肯定后，个体所在的高实体性群体，并不会因个体受到社会排斥的影响而去关注炫耀性产品；而个体所在的低实体性群体，原本人们对他的认同度就不高，即使强化了群体肯定，排斥与否也不会影响这些消费者的炫耀性产品购买倾向，因此群体肯定抵消了高实体性群体中社会排斥对人们炫耀性产品选择的影响。对于群体肯定未得以实现的人来说，高实体性群体中的社会排斥仍会造成人们对群体认同度的下降，与未受到排斥相比，他们更倾向于选择炫耀性产品，在低实体性群体中，排斥与否不会影响人们的炫耀性产品购买倾向。据此，提出如下假设：

H2a：未受到群体肯定的条件下，高实体性群体的社会排斥（与未受到排斥相比）会强化消费者的炫耀性消费倾向，而低实体性群体的社会排斥与否并不会影响消费者的炫耀性消费倾向。

H2b：群体肯定条件下，群体实体性并不会影响社会排斥与消费者炫耀性消费倾向间的关系。

本章对研究假设的检验是通过两个实验完成的，实验一主要探究了自我肯定对社会排斥与内隐自我关系的影响，实验二则探究了群体肯定对社会排斥与群体实体性关系的影响。由于独特性产品也有具有一定炫耀性（Girel 和 Huettl，2010），因此，实验一的因变量使用的是消费者对于具有一定差异性产品的选择，实验二仍以消费者品牌标志的偏好作为炫耀性消费倾向的测量依据。

四、实验一：自我肯定与内隐自我

（一）样本与实验设计

202 名来自东北某高校的大学生参加了本次实验（其中男生 93 名，女生 109 名，平均年龄为 21.04 岁）。为验证 H1 中提出的自我肯定在社会排斥与内隐自我间对消费者炫耀性产品购买的影响，实验采取了 2（社会排斥：受到排斥、未受到排斥）×2（内隐自我：实体论、渐变论）×2（自我肯定：肯定、控制）三因素组间实验设计。实验由五个部分构成，社会排斥、内隐自我与自我肯定均通过实验操纵得以完成。首先对被试的社会排斥感进行操纵，然后对自我肯定进行操纵，接着借鉴 Huang、Dong 和 Mukhopadhyay（2014）的方法完成对被试内隐自我的操纵，操纵完成后要求被试回答相应的操纵检验问题，并要求被试在三个产品中进行选择，其中一个产品借助其独特性表明产品的稀有性，从而形成炫耀性产品（Gierl 和 Huettl，2010），最后请被试提供了相应的基本信息。为防止被试猜测出实验目的，向被试强调，本次实验第一部分是了解大学生的人际关系状态，

第二部分和第三部分主要是向心理学专业的老师和同学提供相应的心理研究资源。第四部分主要是调查一下大学生群体对不同产品的兴趣偏好。

（二）实验过程与刺激物

实验一对社会排斥的操纵采用了 Wan、Xu 和 Ding（2014）的方法，并对其进行了适当改编。将被试随机分配到两组，要求被试想象一个通过社交网络结交朋友的场景，浏览社交网站时，发现了三个与其兴趣爱好差不多的人，然后分别向这三个人发出了加为好友的请求，并得到了回复。受排斥组的回复大致表明，三个人均拒绝了被试的要求，而未受到排斥组得到的回复是三个人均通过了被试要求加他们为好友的请求。回忆后要求被试表明其当时的心理状态，并测量了他们的情绪状态。排斥操纵检验问项包括感受到拒绝、忽视及冷落的程度（1＝完全没有，7＝十分明显）。情绪状态的测量包括开心、愉快、悲伤、生气等 8 个问项（1＝完全不同意，7＝完全同意）（Williams、Cheung 和 Choi，2000）。

内隐自我的实体论与渐变论的操纵需要被试阅读一段学者对实体论与渐变论两种观点的描述。被试被随机分配到两组，实体论组看到的内容是，其主要观点强调人们具备一系列有限而固定的能力，这些能力反映了他们的成就和水平，性格在人们 10 岁的时候就已经形成，并且形成后不会被改变。渐变论组看到的是人们具备一系列有限而动态的能力，这些能力可以被培养和发展，在获取成就的过程中，人们的能力是可以改变的。阅读材料后，被试表明了他们对阅读材料的态度，包括可信度、说服力、有用性、清楚性及理解度。接着通过对人们某些特质改变的可能性进行预测对内隐自我的操纵进行了检验，预测的特质包括乐于助人、进取心、不诚实、害羞、健谈（Chiu、Hong 和 Dweck，1997）。

自我肯定的操纵改编自 McQueen 和 Klein（2006）与 Chatterjee、Irmak 和 Rose（2013）。将被试随机分配到两组，自我肯定组要求被试对一系列描述人的品质与价值观的词语进行重要性排序（如幽默感、创造力、职业技能、适应能力等），选择出对其最重要的一项，并要求其列举出相应的例子，表明该品质或价值观对其最为重要。控制组则要求被试列举出最近两天他们都吃了哪些食物。

炫耀性产品的选择作为实验一的因变量。Gierl 和 Huettl（2010）指出稀缺性的产品具有一定的炫耀性，因此独特性的产品在某种程度上能够表明人们的炫耀性消费。参考 Wan 等（2014）的方法，被试需要选择三款 T 恤中的一款参加学校举行的运动会。对于 T 恤的选择，被试看到了以下描述。被试在浏览网店时，看到了同一家网店的三款设计师设计的 T 恤，这三款 T 恤颜色、材质、图案等均是被试喜欢的，并且三款 T 恤颜色、材质等均相同，唯一的差别就是 T 恤上面的图案，被试可以看到之前网店的浏览和销售记录，三款 T 恤的销售量表明购买者中，44%选择了 A 款式，15%选择了 B 款式，41%选择了 C 款式。阅读材料后要求被试选择三款 T 恤中的一款。从三款 T 恤的选项中可以看出，B 款式具有一定的独特性。前期预测试中，33 个来自同一学校的参与者要求回答其对三款 T 恤炫耀性的看法，预测试表明，参与者对三款 T 恤的炫耀性判断存在显著差异（$F(2, 30) = 3.516$，$p = 0.042 < 0.05$，$\eta_p^2 = 0.190$），并且两两比较发现，参与者认为运动会上选择 B 款 T 恤更具炫耀性（$M_A = 2.545$，$M_B = 3.727$，$t = 2.116$，$p = 0.043 < 0.05$，$d = 0.773$；$M_B = 3.727$，$M_C = 2.364$，$t = 2.442$，$p = 0.021 < 0.05$，$d = 0.892$），而 A 款与 C 款的炫耀性则无显著差异（$M_A = 2.545$，$M_C = 2.364$，$t = 0.326$，$p = 0.747 > 0.1$，$d = 0.119$）。

（三）实验结果与讨论

1. 社会排斥操纵检验

对被试感受到的拒绝、忽视与冷落进行平均化处理（$\alpha = 0.794$），作为因变量对社会排斥进行检验。2（社会排斥）×2（内隐自我）×2（自我肯定）的方差检验表明，只有社会排斥存在主效应，其他效应的 p 值均大于 0.1。受到排斥的被试比未受到排斥时会感受到更多的被排斥感（$M_{受到排斥}=4.803$，$M_{未受排斥}=2.811$；$F(1, 194)=101.928$，$p<0.001$，$\eta_p^2=0.344$），因此，对社会排斥的操纵是成功的。接下来，检验了社会操纵对被试情绪的影响，将消极情绪进行反向转化，与积极情绪一起进行平均化处理，得分越高表明被试越具有积极的情绪（$\alpha=0.861$），三因素方差分析显示，社会排斥的操纵对被试的情绪产生了影响（$M_{受到排斥}=3.087$，$M_{未受排斥}=4.628$；$F(1, 194)=119.315$，$p<0.001$，$\eta_p^2=0.381$），其他变量及交互作用未对情绪产生影响（所有 p 值均大于 0.1）。受到排斥后，被试产生了更负面的情绪。因此，在接下来的因变量分析中，需要考虑情绪对被试炫耀性产品选择的影响。

2. 内隐自我操纵检验

首先，检验被试对两段材料认可度及理解度的差异。将有关材料内容检验的五个问项平均化处理（$\alpha=0.831$），三因素方差分析显示，社会排斥、内隐自我及自我肯定三个变量主效应及交互效应均不显著（所有 p 值均大于 0.1），即实体论者与渐变论者对于材料的认可度与理解度等均未表现出显著差异。其次，依据被试对他人特质不可变可能性的预测，检验内隐自我的操纵是否成功。将五个特质的可能性预测平均化处理（$\alpha=0.828$），方差分析表明，只有内隐自我的主效应存在（$F(1, 194)=5.861$，$p=0.016<0.05$，$\eta_p^2=0.029$）。实体论者比渐变论者认为人的特质更不可变（$M_{实体论}=59.831$，$M_{渐变论}=58.341$），因此，内隐自我的实体论与渐变论操纵是成功的。

3. 炫耀性产品选择

由于多数研究并未对自我肯定进行操纵检验，如 Chatterjee、Irmak 和

Rose（2013）与 Wan、Xu 和 Ding（2014），因此，本研究也并未对自我肯定进行检验。将炫耀性产品的选择作为因变量（选择了 B 款 T 恤的为 1，未选的为 0），社会排斥（受到排斥 = 1，未受排斥 = -1）、内隐自我（实体论者 = 1，渐变论者 = -1）、自我肯定（肯定 = 1，控制 = -1）及各变量间的交互项作为自变量，采用二元 Logistic 回归的方式对假设进行检验。对于情绪的影响，将其作为控制变量放入回归模型时，发现其并未影响各变量之间的关系，且情绪并未影响被试的炫耀性产品选择（$\beta = 0.156$；Wald $\chi^2 = 1.107$，$p = 0.293 > 0.1$）。因此，模型分析时，未将情绪纳入分析之中。回归结果分析显示，社会排斥与内隐自我的交互作用边际显著（$\beta = 0.248$；Wald $\chi^2 = 2.898$，$p = 0.089 < 0.1$），更为重要的是，社会排斥、内隐自我与自我肯定三个变量间的交互作用显著（$\beta = -0.290$；Wald $\chi^2 = 3.952$，$p = 0.047 < 0.05$），其他效应则均不显著。

为分析不同条件下被试的炫耀性产品选择行为，对三阶交互作用进行进一步的分解。研究发现，被试得到自我肯定后，社会排斥与内隐自我不会对炫耀性产品的选择产生显著的交互作用（$\beta = -0.042$；Wald $\chi^2 = 0.041$，$p = 0.838 > 0.1$），H1b 得以验证；而未得到自我肯定控制组中，社会排斥与内隐自我则存在显著的交互作用（$\beta = 0.538$；Wald $\chi^2 = 6.662$，$p = 0.01$），对于该控制组又进一步分解其交互作用，研究发现，与未受到排斥的实体论者相比，受到排斥的实体论者更倾向于选择炫耀性产品（$\beta = 0.660$；Wald $\chi^2 = 4.947$，$p = 0.026 < 0.05$），而渐变论者的炫耀性产品选择行为则不会受到排斥与否的影响（$\beta = -0.417$；Wald $\chi^2 = 2.018$，$p = 0.155 > 0.1$），H1a 得以验证，并且该结果也验证了第三章的 H1。

从另一角度分析，对于未受到自我肯定的控制组，受到排斥时，实体论者比渐变论者更倾向于选择炫耀性产品（$\beta = 0.564$；Wald $\chi^2 = 3.782$，$p = 0.052 < 0.1$），而未受到排斥时，虽是边际显著，但结果显示渐变论者更倾向于选择炫耀性产品（$\beta = -0.512$；Wald $\chi^2 = 2.926$，$p = 0.087 < 0.1$）。各组结果如图 5-1、图 5-2 所示。

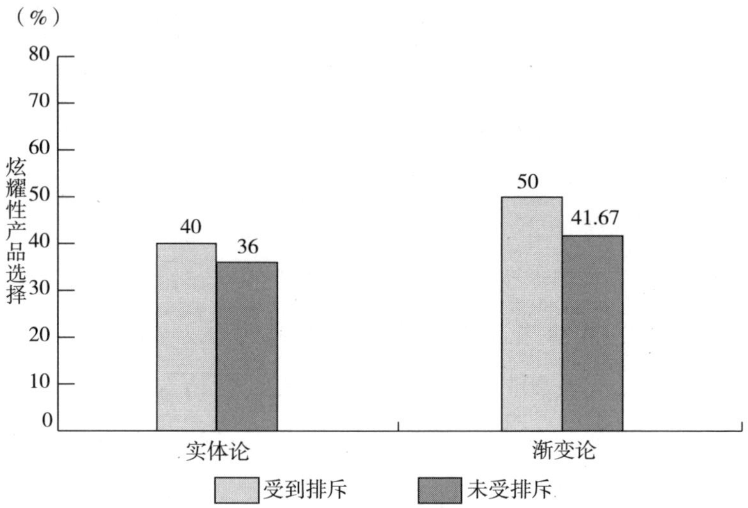

图 5-1　自我肯定条件下炫耀性产品选择

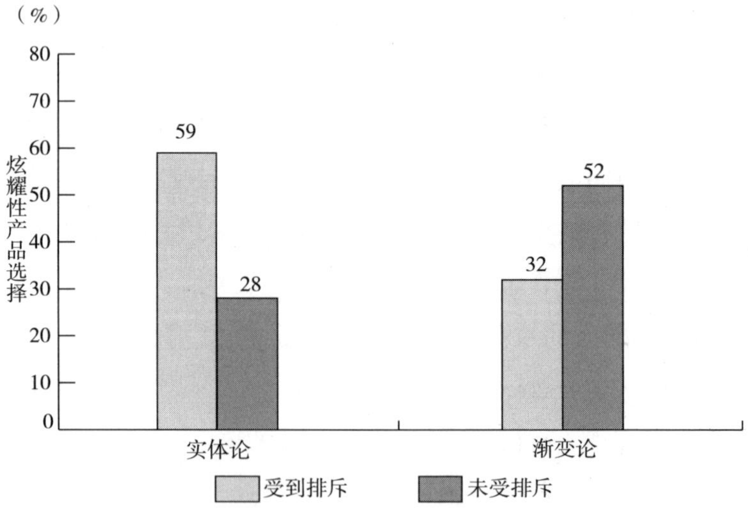

图 5-2　未自我肯定条件下炫耀性产品选择

实验一通过炫耀性产品选择的分析，验证了自我肯定在缓解排斥威胁方面的作用。研究发现，自我肯定使得实体论消费者的炫耀性产品选择行为不会受到排斥与否的影响，而未得到自我肯定的实体论消费者，受到排斥后仍会倾向于选择炫耀性产品，而自我肯定与否均未使得渐变论者的产品选择行为受到排斥与否的影响。实验一主要从个体角度分析了自我肯定对于社会排斥与内隐自我关系的影响，实验二则从群体角度分析群体肯定在社会排斥与群体实体性间对消费者炫耀性消费的影响。

五、实验二：群体肯定与群体实体性

（一）样本与实验设计

本次实验166名被试来自于西南某高校（其中男生78名，女生88名，平均年龄为20.91岁）。为验证H2中提出的群体肯定在社会排斥与群体实体性间对消费者炫耀性产品购买的影响，实验采取了2（社会排斥：受到排斥、未受到排斥）×2（群体实体性：高、低）×2（群体肯定：肯定、控制）三因素组间实验设计。实验由五个部分构成，社会排斥、群体实体性与群体肯定均通过实验操纵得以完成。实验首先借鉴Cavazza等（2014）的方法对群体实体性进行了操纵，其次完成了对社会排斥的操纵，再次进行了群体肯定的操纵，操纵结束后要求被试完成操纵检验问项的回答，并根据被试对产品品牌标志的偏好测量了他们的炫耀性消费倾向，最后是一些关于被试基本信息的问项。

（二）实验过程与刺激物

对群体实体性的操纵方法与第四章的操纵方法基本相同，将被试随机分配到两组，要求被试回忆他的一个朋友群体，对于这个内群体，高实体群体组需要考虑这一朋友群体朋友间的共同性，并将这些共同性列举出来，包括彼此的兴趣爱好、性格特征、所追求目标等方面的一致性或相似性。低实体群体组，则需要考虑这一朋友群体朋友间的差异性，并将这些差异性列举出来，包括生活习惯、经历、兴趣爱好等方面的差异性。回忆并至少列举出五个共同或不同的特征后，要求被试填写了相应的包括所回忆群体“凝聚力”“目标与理想一致性”“对新成员接受度”三个用于进行操纵检验的问项（Cavazza 等，2014）。

实验二社会排斥的启动方法改编自 Maner 等（2007），采用回忆的方式进行。被试被随机分配到两组，受到排斥的被试要求回忆并写下一段受到其朋友拒绝或排斥的经历（如未被朋友邀请参加某项活动或邀请朋友参加某项活动时遭到了拒绝等），而未受到排斥的控制组则未得到其他提示，只是要求他们回忆一下最近一段时间的生活及学习状态，包括最近几天做了哪些事情，并在下周有何打算等。要求两组被试写下他们大致的回忆内容并表明其当前的心理感受，同时填写了社会排斥的操纵检验问项，包括感受到拒绝、忽视及冷落的程度，以及情绪状态的测量（Williams、Cheung 和 Choi，2000）。

群体肯定的操纵改编自 McQueen 和 Klein（2006）与 Sherman 等（2007）。将被试随机分配到两组，群体肯定组要求被试阐述其所在朋友群体的重要性，列举出这一朋友群体有哪些重要的价值观，其中最重要的是哪一个，并通过列举相应例子对该重要价值观的选择进行解释。未得到群体肯定的控制组则不需要回答任何问题，直接进入因变量测量的环节。

借助被试对于产品品牌标志的偏好测量其炫耀性消费倾向。要求被试想象一下，为了提升自己的个人形象，他们正考虑购买一款较为高端品牌的服装，请被试表明他们对该款服装品牌标志的偏好，包括品牌标志“很容易看到/完全看不到、看起来很大/看起来很小、非常明显/非常不明显、很容易惹人注意/很不容易惹人关注”四个问项，用 9 级量表进行衡量，分数越高表明炫耀性消费倾向越强。

（三）实验结果与讨论

1. 社会排斥操纵检验

社会排斥操纵检验三个问项平均化处理（$\alpha = 0.783$）后作为检验变量，采用三因素方差分析对其进行操纵检验，检验结果表明，只有社会排斥的主效应存在时，其余效应的 p 值均大于 0.1。与未受到排斥相比，受到排斥的被试感受到更多的被排斥感（$M_{受到排斥} = 4.735$，$M_{未受排斥} = 2.912$；$F(1, 158) = 68.326$，$p<0.001$，$\eta_p^2 = 0.302$），因此，社会排斥得以成功操纵。接下来，检验社会排斥对情绪的影响。由于社会排斥两组的操纵中一组是回忆受到拒绝的情景，而另一组只是回忆近期的计划与打算，因此，此次检验将积极与消极情绪分开进行检验。对于积极情绪的四个问项平均化处理（$\alpha = 0.910$），三因素方差分析显示，各变量及变量间交互作用均不显著（所有 p 值均大于 0.1），具体分析社会排斥与积极情绪的关系，社会排斥的操纵并未对被试的积极情绪产生影响（$M_{受到排斥} = 3.389$，$M_{未受排斥} = 3.566$；$F(1, 158) = 0.423$，$p = 0.517>0.1$，$\eta_p^2 = 0.003$）。对于消极情绪的四个问项平均化处理（$\alpha = 0.873$），三因素方差分析显示，各变量及变量间交互作用均不显著（所有 p 值均大于 0.1），具体分析社会排斥与消极情绪的关系，社会排斥的操纵并未对被试的消极情绪产生影响（$M_{受到排斥} = 3.804$，$M_{未受排斥} = 3.756$；$F(1, 158) = 0.034$，$p = 0.853>0.1$，$\eta_p^2 = 0.000$）。受到排斥与未受到排斥的控制组的情绪并未呈现出显著差异，进而表明社会排斥的操纵是合适的。

2. 群体实体性操纵检验

对群体实体性感知的三个问项平均化处理（$\alpha = 0.861$）作为操纵检验的因变量，三因素方差分析表明，只有群体实体性的主效应存在，其他变量及变量间的交互效应均不显著（p 值均大于 0.1）。与低实体性相比，高实体性条件下被试所感知到的群体实体性更强（$M_{高实体性}=5.193$，$M_{低实体性}=4.619$；$F(1, 158)=6.051$，$p=0.015<0.05$，$\eta_p^2=0.037$），因此，群体实体性得以成功操纵。

3. 炫耀性消费偏好

以往研究并未对群体肯定做出操纵检验，因此，本书也未对群体肯定进行检验，本研究直接采用三因素方差分析对消费者的炫耀性消费偏好进行了分析。首先对炫耀性标志的 4 个测量问项进行平均化处理（$\alpha=0.866$），接着以炫耀性品牌标志偏好为因变量，2（社会排斥）×2（内隐自我）×2（自我肯定）三因素方差分析结果显示，只有社会排斥、群体实体性与群体肯定三者的交互作用显著（$F(1, 158)=4.110$，$p=0.044<0.05$，$\eta_p^2=0.025$），其他效应均不显著（p 值均大于 0.1）。

为进一步分析不同条件下消费者炫耀性品牌标志偏好的不同，对交互作用进行了分解，进而寻找到消费者炫耀性消费倾向的差异。对群体价值进行肯定后，高实体性群体中的排斥与否并不会影响被试的炫耀性消费倾向（$M_{受到排斥}=4.917$，$M_{未受排斥}=5.613$；$F(1, 158)=1.683$，$p=0.196>0.1$，$\eta_p^2=0.011$），而低实体性群体中的排斥与否同样不会影响被试的炫耀性消费倾向（$M_{受到排斥}=5.212$，$M_{未受排斥}=5.300$；$F(1, 158)=0.026$，$p=0.872>0.1$，$\eta_p^2=0.000$），H2b 得以验证。对于未对群体价值进行肯定的控制组，与未受到排斥相比，受到源于高实体性群体排斥的被试更倾向于进行炫耀性消费（$M_{受到排斥}=5.975$，$M_{未受排斥}=4.784$；$F(1, 158)=5.041$，$p=0.026<0.05$，$\eta_p^2=0.031$），而低实体性群体中的排斥与否则不会影响被试的炫耀性消费倾向（$M_{受到排斥}=4.886$，$M_{未受排斥}=5.250$；$F(1, 158)=0.482$，$p=0.489>0.1$，$\eta_p^2=0.003$），H2a 得以验证，并且该结果也验证了第四章的研究 H1。

从另一角度分析，得到群体肯定的条件下，源于高实体性群体的排斥与源于低实体性群体的排斥下的炫耀性消费并无显著差异（$M_{高实体}$ = 4.917，$M_{低实体}$ = 5.213；F（1，158）= 0.304，p = 0.582 > 0.1，η_p^2 = 0.002)，而未受到排斥时，高实体性群体与低实体性群体的炫耀性消费也没有显著差异（$M_{高实体}$ = 5.613，$M_{低实体}$ = 5.300；F（1，158）= 0.331，p = 0.566 > 0.1，η_p^2 = 0.002）。未得到群体肯定的条件下，受到排斥时，高实体性群体比低实体性群体更倾向于进行炫耀性消费（$M_{高实体}$ = 5.975，$M_{低实体}$ = 4.886；F（1，158）= 4.212，p = 0.042 < 0.05，η_p^2 = 0.026），而未受排斥时，高实体性群体与低实体性群体的炫耀性消费则并没有显著差异（$M_{高实体}$ = 4.784，$M_{低实体}$ = 5.250；F（1，158）= 0.791，p = 0.375 > 0.1，η_p^2 = 0.005）。各组结果如图 5-3、图 5-4 所示。

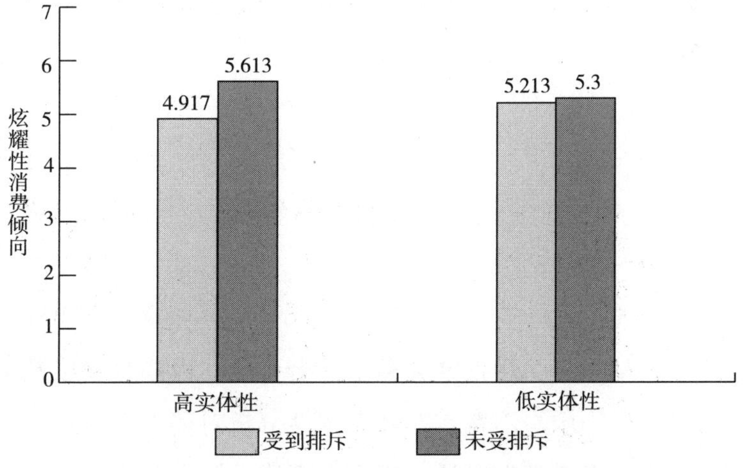

图 5-3　群体肯定条件下炫耀性消费倾向

实验二通过方差分析的方式对 H2 进行了检验，研究发现，群体肯定抵消了源于高实体性群体社会排斥所带来的炫耀性消费倾向的提升，即群体得以肯定后，源于高实体性群体的排斥与否，并未使得消费者的炫耀性消费倾向产生显著差异。而未对群体价值肯定的消费者，与未受到排斥相比，源于高实体性群体的排斥仍会使其具有较高的炫耀性消费倾向。而是

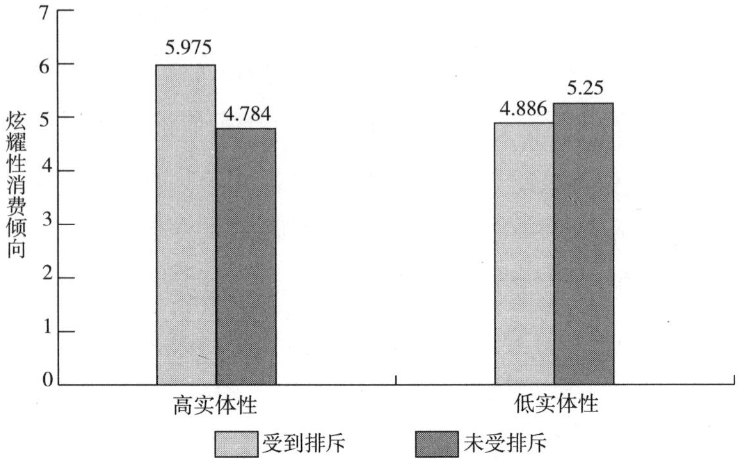

图 5-4　未群体肯定条件下炫耀性消费倾向

否受到源于低实体性群体的排斥对消费者的炫耀性消费均不会受到群体肯定与否的影响。

六、本章小结

前两章主要从个人关注角度分析了社会排斥与内隐自我以及从群体关注角度分析了社会排斥与消费者群体实体性分析对消费者炫耀性消费倾向的作用。本章则基于心理学中的自我肯定理论，深入分析了个体特征及群体实体性分析对于社会排斥与消费者炫耀性消费间关系的影响机理。炫耀性产品在满足人们地位感与权力感方面存在一定价值（Sivanathan 和 Pettit，2010），并且能够缓解威胁对人们的负面影响，Lee 和 Shrum（2012）也证明控制感及权力感的强化可以缓解忽视这一类型社会排斥所引起的消费者炫耀性消费倾向的提升。这些研究均是从消费者权力或地位需求的角度分析了消费者的炫耀性消费，而消费者自我完整性或群体完整性价值的肯定，则会从另一层面缓解社会排斥对消费者的负面影响。本章的研究发现，自我肯定缓解了被排斥的实体论消费者的炫耀性产品选择行为，群体肯定也缓解了源于高实体性群体社会排斥所带来的被排斥者的炫耀性消费倾向的提升。本章进一步从心理学视角深化了社会排斥与消费者炫耀性消费间关系的研究，借鉴心理学领域的自我肯定理论，在消费行为学领域探讨了内隐自我及群体实体性对社会排斥与消费者炫耀性消费间关系的影响，发现了不同条件下社会排斥对消费者炫耀性消费倾向可能的影响机理，拓展了自我肯定理论在消费行为学领域的研究。

第六章　研究结论与启示

自20世纪80年代以来，社会排斥的问题引起了世界各国的普遍关注，随着贫困问题研究的逐渐深入，使研究者将研究视角转向消除社会排斥的研究上，并提出了社会排斥的五个维度，包括经济排斥、政治排斥、文化排斥、关系排斥、制度排斥（黄佳豪，2008）。多维度的社会排斥概念使社会排斥的研究涉及社会学、政治学、经济学及心理学等多个学科领域。然而心理学家对社会排斥的研究更为微观，往往关注的是社会排斥对个体心理所造成的影响（蔡强、吴寅和刘金婷，2011）。近几年营销学者又逐渐开始关注人与人交往过程中所遭遇到的社会排斥是否会影响到人们的消费行为，即借助不同的产品的购买与使用以满足其不同的心理需求。

一、研究结论

本书基于社会排斥在社会心理学领域中的相关研究，进一步将其拓展到对消费者购买或产品选择行为的研究中，主要关注的是受到排斥的消费者会对炫耀性产品表现出一定的偏好，而这一偏好的产生可能会受到消费者内隐自我的影响，以及产生排斥的内群体实体性关注的影响。由于受到社会排斥的威胁，面对威胁，人们通常会借助一些具有符号意义的象征性的物品以缓解自身所感受到的威胁（Gao、Wheeler 和 Shiv，2009）。本书指出人们对于自我以及群体的肯定，可能会缓解其威胁感，从而降低消费者对炫耀性产品的需求。本书通过实验和问卷调研的方法对相关问题进行了回答，并对相应的研究假设进行了检验。具体来看，本书的主要结论包括：

（1）消费者个体内隐自我的特征会影响社会排斥与消费者炫耀性消费间的关系。通过两个实验研究发现，个体的内隐自我能够调节社会排斥对于消费者炫耀性消费倾向的影响，具体的结论是，与未受到排斥的实体论者相比，受到排斥的实体论者更倾向于表现出炫耀性消费的偏好，而渐变论者更注重自身实际能力的提高，受到社会排斥与否并不会使其对炫耀性产品表现出差异性的偏好。从另一角度分析，受到排斥后，实体论者比渐变论者表现出更强的炫耀性消费偏好，而未受到排斥时，实体论者与渐变论者的炫耀性消费偏好没有显著差异。第三章的实验二又进一步考虑了消费者更愿意借助哪种类型的品牌或产品表现出炫耀性，即分析了消费者熟悉与不熟悉的虚拟品牌的差异，研究发现，消费者的炫耀性产品购买意愿更容易发生在消费者熟悉的品牌或产品上，对于消费者不熟悉的品牌或产品，他们并不会表现出炫耀性消费偏好的差异性。研究发现验证了第三章的研究假设。

当感受到社会排斥的威胁时，从消费者行为角度进行分析，人们可以借助产品的选择与使用以缓解威胁的影响，而不同内隐自我观的个体又会表现出差异性。实体论者认为虽然人的本质改变不了，但是炫耀性产品的选择或使用，可以很快地改变其自身受威胁的状态，而渐变论者更多的是从自身能力提升的角度考虑，炫耀性产品虽然也可以改变他们受威胁的状态，但是并不能实质上提升其个人能力，因此，他们不会对炫耀性产品表现出偏好，此研究结论与 Park 和 John（2010，2012，2014）的研究具有一定一致性，他们认为实体论者会使用具有吸引力的品牌以显示他们的优秀品质，而渐变论者则不会受到品牌吸引力的影响，他们更注重自身实际能力的提升，本书将其应用于社会排斥对消费者炫耀性消费的影响之中。研究还发现，炫耀性产品偏好更多的发生于消费者熟悉的品牌，因为消费者熟悉的品牌可以很快被他人感知，进而满足受排斥者渴望得到他人关注的目的，缓解受排斥者的威胁感，Lee 和 Shrum（2012）的研究中对于炫耀性产品的选择也是基于消费者所熟悉的品牌选择了 NIKE 和 Calvin Klein。即使使用了大的、看得见的、标志明显的或惹人注意的品牌，由于该品牌不为他人所知，可能并不能达到炫耀的目的。因此，社会排斥与内隐自我并未对消费者不熟悉的炫耀性产品产生共同的作用。

（2）群体实体性的分析能够影响社会排斥与消费者炫耀性消费间的关系。受到社会排斥后，消费者对于炫耀性产品的选择不仅会基于自身个体内隐特质的考虑，还会对排斥其的群体进行判断分析，以决定是否进行炫耀性消费或者进行何种炫耀性消费。通过实验与问卷调研的分析，研究发现，社会排斥源于高实体性群体时，受排斥者更倾向于进行炫耀性花费，而源于低实体性群体时，受排斥者的炫耀性花费与未受排斥相比则没有显著差异。从另一角度，与源于低实体性群体的排斥相比，源于高实体性群体的社会排斥更容易造成消费者的炫耀性消费。第四章中的研究二进一步对其产生机理进行分析发现，对于排斥产生的群体，消费者想要与其保持关系的程度影响了被排斥者的炫耀性花费。研究验证了第四章的研究假设。

群体实体性表现为个体将群体感知为一个真正的、独立存在的群体的程度，高实体性的群体人们会感知到更强的凝聚力、一致性等（Cavazza 等，2014），而这种高实体性群体中的个体感受到来自内群体的社会排斥时，可能对该群体的认知产生偏差，从而影响到其对该群体的认同度，如在这样一个好的关系的群体中，受到威胁的影响时，想要与该排斥群体的成员保持近距离关系的程度有所下降。认同度的降低，使被排斥者会借助炫耀性产品的使用表明其个体价值的重要性，从而吸引他人的关注，但是这一关注可能是要满足个体受到威胁后进行自我调整的心理需求，其目的是为自己找到了一个合理的借口，表明受排斥者不会再与该内群体保持更紧密的联系或者是吸引其他群体成员的关注。而低实体性群体本身其凝聚力与群体一致性就相对较弱，排斥与否并不会对个体产生很明显的影响，因此其并未表现出差异性的炫耀性消费倾向。

（3）自我肯定能够抵消实体论消费者受到社会排斥影响而产生的高炫耀性消费倾向，群体肯定则缓解了高实体性群体社会排斥所带来的被排斥者炫耀性消费倾向的提升。自我肯定能够帮助人们保持对个体自我完整性价值的认知，进而帮助人们应对威胁事件或信息（Sherman 和 Cohen，2006），而群体肯定更倾向于对个体所在群体价值进行肯定，进而提升个体对群体的认同度或者意识到群体的重要性等（Sherman 等，2007）。第五章的两个实验主要检验了自我肯定与群体肯定对消费者炫耀性消费的影响。实验一发现，自我肯定后的受到排斥的实体论消费者与未受排斥相比，其炫耀性产品的选择并未表现出显著差异，而与未受排斥相比，未得到自我肯定的受到排斥的实体论消费者则选择了更多的炫耀性产品。第五章的实验二则从群体实体性关注角度进行了分析，群体价值得以肯定缓解了源于高实体性群体排斥所带来的消费者炫耀性消费倾向的提升，而未得以肯定的群体，高实体性群体的社会排斥（与未受到排斥相比）会促使消费者表现出更强的炫耀性消费倾向。研究验证了第五章的研究假设。

面对社会排斥的威胁，消费者内隐自我及对群体实体性的分析都会影响社会排斥与消费者炫耀性消费之间的关系，尤其是对于实体论消费者来说，炫耀性产品可以更快地改变其自身不好的状态，而高实体性群体的排斥则使消费者希望借助炫耀性产品对自身不好的状态进行调整。从消费者个体角度分析，消费者对受到威胁的自我进行了肯定，那么这种对自我价值完整性的肯定，则有效缓解了实体论者的炫耀性消费倾向。从群体实体性角度分析，对于群体价值的肯定，有助于个体对群体价值的认知进行调整，进而意识到该群体对被排斥者的价值，如果选择脱离，被排斥者可能面临新群体选择的风险，如新群体的价值、融入风险等，因此群体价值的肯定缓解了人们的炫耀性消费倾向。

二、理论贡献

本书以人际交往中的社会排斥问题为核心，研究了社会排斥对人们消费行为的影响，尤其是炫耀性消费在缓解或防御人际关系威胁方面的重要作用。本书的理论贡献集中于社会心理学及消费行为学两个领域，具体包括以下几方面：

1. 拓展了社会排斥在消费行为领域的研究

以往研究表明社会排斥不仅会增加人们的一致性行为（Mead 等，2011；Williams 等，2000），也会增加攻击性行为或减少帮助行为（Twenge 等，2001，2007）。这些不同的行为反应也会对人们的消费行为产生影响。Mead 等（2011）发现，未来孤独感的启动所带来的排斥经历会增加人们对归属类产品的需求，但其研究仍未关注归属类产品的获取是否真的缓解了被排斥者的实际状态。Loveland 等（2010）则表明社会排斥（驱逐或未来孤独感的启动）增加了人们对于怀旧产品的依恋，其目的是强化被排斥者与过去的联系。Lee 和 Shrum（2012）则从关系和功效需求两大角度分析了社会排斥对于炫耀性消费的影响，其研究强调炫耀性消费更会发生于受到忽视的个体之中，并且权力及存在感等功效需求的强化可以降低人们对于炫耀性产品的偏好。Wan、Xu 和 Ding（2014）则探究了受到社会排斥后的人们的差异化消费行为产生的原因，他们认为受到排斥后人们会采取不同的策略应对社会排斥，受排斥者认为重新归属并不可行或者对其自我价值进行肯定后，他们会产生独特性需求，从而选择了独特性的产品。

本书与 Richman 和 Leary（2009）的研究有一定一致性，Richman 和 Leary（2009）认为对于社会排斥的研究不能仅从拒绝本身的控制感降低、存在感丧失或者自尊降低等角度进行分析，应该更多关注排斥所带来的实际影响，为应对这些威胁人们会产生不同的行为，而这些行为可能是基于多种动机。本书认为受到排斥后，消费者会从自身特征及群体特征角度对威胁进行分析，采用相应的炫耀性消费行为，其炫耀性消费行为只是为了吸引他人关注或者缓解自己受威胁的状态，或者是向他人表明其对群体的失望。

2. 扩展了炫耀性消费领域的相关研究

本书具体分析了影响消费者炫耀性消费的前置因素，然而并未表明社会排斥直接作用于消费者的炫耀性消费，其影响会受到消费者个体内隐自我或群体实体性分析影响。炫耀性消费主要是消费者借助产品所具有的符号象征性意义，要么向他人表明其与他人的一致性，要么向他人表明其特殊的差异性（Gierl 和 Huettl，2010），其目的是吸引他人注意或者形成对自我的关注。Sundie 等（2011）更多地关注了炫耀性消费的信号功能，将炫耀性消费看作一种社交信号，并且这一社交信号可以用于对异性的吸引和追求（Griskevicius 等，2007），以及规避同性的竞争（Wang 和 Griskevicius，2014）。Sivanathan 和 Pettit（2010）则指出，人们受到自我威胁时，会借助物品的使用而故意向外围世界发出信号，进而保证其内在心理的完整性，如地位受到威胁的消费者更倾向于寻求高地位产品。本书则是从人际关系威胁角度分析了受到威胁的个体对于炫耀性产品的追求，虽然 Lee 和 Shrum（2012）指出，与控制组相比，受到忽视的个体更倾向于选择炫耀性产品，但对于不区分忽视与拒绝的差异的社会排斥，其研究并未证明社会排斥会导致被试炫耀性消费的降低。因此，本书拓展了他们的研究，认为消费者内隐自我及群体实体性的分析会影响社会排斥对于炫耀性消费的作用。为应对人际交往中社会排斥对个体的威胁，从心理学角度考虑，可以将炫耀性产品的选择或使用看作是自我应对潜在威胁的一种重要手段。

3. 丰富了内隐自我在消费行为领域的研究

内隐自我强调人们特质可变性对于人们目标、认知、情感及行为模式的影响，尤其是在面对挑战或失败的情况下。通过检验消费情境中的内隐自我理论，本书研究表明实体论与渐变论不仅会对人们的学习及成绩产生影响，而且会影响人们的消费行为。更重要的是，研究发现，当实体论者面对威胁时，虽然他们认为人的特质不能改变，但是仍可借助一些外显的物品向他人展现其正面的特性，以应对威胁可能对其产生的负面影响。这一发现与心理学的研究具有一致性，心理学的研究认为渐变论者会采取更为积极的措施去应对失败纠正错误（Dweck，2000；Dweck 和 Leggett，1988），而实体论者会采取一些防御性和没有实际意义的行为（Elliot 和 Dweck，1988；Rhodewalt，1994），并且会对失败表现出失望（Robin 和 Pals，2002）。因此，大部分研究认为持有实体观的人往往更容易受到自我威胁的影响。以往研究表明，受到威胁的实体论者倾向于借助那些具有一定品牌个性的产品去表明其自我的积极一面，从而有效应对威胁的影响。而本书认为虽然实体论者容易受到威胁信息的影响，但是借助炫耀性产品的选择或使用，则可以帮助其缓解或抵御威胁信息的影响。

4. 将群体实体性分析应用于消费行为领域的研究

本书关注了群体实体性对于消费者购买行为的重要作用。实体性是一个重要的群体特征，因为高实体性群体中，成员间是紧密相连的，在定义成员资格时有明确的界定标准，并且通过交流以达成共同的目标（Cavazza 等，2014）。以往对群体实体性的研究集中于关注内群体及外群体信息处理方式以及群际间行为的差异性（Yzerbyt、Judd 和 Corneille，2004）。Cavazza 等（2014）认为，群体实体性会更进一步地影响群体成员的个人动机，即影响他们对声誉的关注。对于内群体中的社会排斥，人们会根据该排斥群体对被排斥者的价值而采取不同的行为反应。Richman 和 Leary（2009）认为，存在其他可供选择的关系或者认为修复该关系的可能性不高或者对该群体不抱有更高期望时，人们可能会退出或者规避该排斥群体，较低的关系修复可能性或者较低的群体期望或者对排斥感知到不公平时，人们甚至会产生反社会行为。由于社会排斥可以被看作是对个体人际关系的威胁，受到排斥时，个体会对排斥产生的群体进行分析，本书发现源于高实体性群体的排斥会促使消费者进行炫耀性消费，可能的原因在于人们不愿意再继续与该排斥群体保持较为紧密的关联性。因此，炫耀性消费的产生可以吸引他人的关注，并表明其对所归属的高实体性群体认同感的降低或失望。

5. 丰富了自我肯定在消费行为领域的研究

本书进一步丰富了以往有关自我肯定的相关研究。自我肯定更强调人们对于自我完整性的关注，而不是相应的威胁信息（Sherman 等，2007）。从消费行为领域进行分析，当对个体自我进行肯定后，消费者对于与缓解威胁直接相关的产品的需求会有所降低（Gao、Wheeler 和 Shiv，2009；Sivanathan 和 Pettit，2010）。虽然 Wan、Xu 和 Ding（2014）也指出自我肯定后，反而更会促使受到社会排斥威胁的个体购买独特性的产品，但是导致这一结果产生的原因在于自我肯定强化了人们的独特性感知，从而影响了消费者对于独特性产品的寻求。从个体自我肯定的视角分析，本书与 Gao 等（2009）及 Sivanathan 和 Pettit（2010）的研究有一定一致性，研究发现，未得到自我肯定的实体论者，其受到排斥后的炫耀性产品偏好显著高于未受到排斥的实体论者，而得到自我肯定的排斥与未受到排斥的实体论者，其炫耀性产品的偏好并未表现出显著差异。因此，本书认为自我肯定缓解了人们对炫耀性产品的追求。另外，作为受到排斥的个体在应对威胁时，不仅会从个体角度进行自我的肯定，他们也会对群体关系价值进行分析，群体价值的肯定会重新提升人们对群体的认同，因此高实体性群体的社会排斥，并不会导致人们炫耀性消费倾向的提升。而未得到群体肯定的被排斥者，尤其是遭遇到高实体性群体排斥的个体，可能会降低对群体的认同，或产生失望感，而炫耀性产品的选择或使用则是一种信号，表明其不再希望与该群体保持更紧密的联系。

三、管理启示

本书关注了人际交往过程中社会排斥对于人们消费行为的影响，并从个体内隐自我及个体对于群体实体性感知两个角度，分析了二者在社会排斥与消费者炫耀性消费间的作用。本书不仅丰富了社会排斥与炫耀性消费等相关理论的研究，对企业的营销实践及营销策略的制定也具有一定的实践意义。

（1）面对迅速壮大的网络交友用户群，尤其是近年来手机网络用户的剧增，参与到网络交友中的人数日益增多，交友方式也不断多样化，不仅包括了QQ聊天、博客、论坛、聊天室等，还包括了世纪佳缘、珍爱网等专业交友网站。在这样的虚拟环境中，人与人之间的接触难免会遭遇到各种排斥或拒绝，而产品或品牌提供企业可以寻找机会与这些在线交友网站进行合作，通过对交友网站数据的分析与挖掘寻找到正在经历社会排斥的消费者，针对这类在线约会中受到拒绝的消费者，企业可以根据他们的特性采用具有一定炫耀性设计的广告诉求，如突出较大的品牌标志或者较为明显的产品样式，以吸引这类消费者。另外，由于独特性产品也具有一定炫耀性，企业也可设计一些差异化或具有独特性的广告诉求去吸引正在经历社会排斥的消费者。

（2）除了较直接的在线约会外，由于在线社交网络的盛行，大多数消费者会在社交网络中遭遇社会排斥，如添加好友被拒绝，或者在玩网络游戏时没人愿意与自己同组等，这些被排斥的经历都会影响消费者后续对网购产品的选择。对于那些得到自我肯定或者对所在群体肯定的消费者，他们后续的消费行为可能不会受到这些网络排斥或拒绝的影响，而那些没有得到自我肯定或群体肯定的消费者，更可能选择炫耀性的产品。因此，相应的企业可以适当收集消费者在线社交经历的数据，并对其进行分析。那些对自我评价不高的消费者或对其群体价值肯定度不高的消费者，应为其提供更有针对性的产品链接，或者促使其点击相应具有一定炫耀性的产品或品牌广告信息。

（3）本书研究发现，社会排斥可能并不会直接促使消费者炫耀性消费行为的发生，而这一行为的发生可能会受到一定条件的影响，如对消费者内隐自我特征的考虑，虽然实体论者认为自身的特质或能力没有办法得以改变，但面对威胁的状态，他们仍希望借助一个外物改变自己不好的状态，而炫耀性产品则为其提供了一种更合适的方式。而高实体性群体中的个体受到排斥后，可能因为产生了不想与该群体保持更为紧密关系的想法而倾向于选择炫耀性产品。此时，企业通过与一些在线交友网站的合作，可以获取消费者个体及对群体相关特征的数据，通过历史数据的获取进一步对消费者进行细分，而这一细分并不只是简单地考虑传统意义上的人口特征或者地域、产品使用频率等细分标准，更多地应该以消费者的个人特征为依据，这样才能更精确地定位到消费者的差异性，从而更好地对其产品偏好进行预测。

（4）炫耀性产品具有一定的存在价值，从消费者角度分析，炫耀性消费并不总是一种向他人炫耀其财富的手段。当面对日常生活中经常遭遇的排斥与拒绝等威胁时，炫耀性产品是缓解消费者人际关系威胁感的一种有效手段。当遭遇到社会排斥威胁或者感知到社会排斥的风险时，人们倾向于借助炫耀性消费进行自我调整，去规避社会排斥对其带来的更为负面的影响。从这一角度来说，炫耀性消费在帮助人们调整自己状态方面起着积极的作用。因此，相应企业应重视商品或服务象征意义的构建。例如，在进行产品广告设计、广告宣传时，可以从两个角度展开：一方面可以注重产品的原材料来源、质地、实际功效、价格折扣等；另一方面也可以突出产品的符号价值及象征意义。品牌或产品象征意义的培育能够帮助消费者全方位地认知产品，尤其是当其感受到一定自我威胁时，促使其产生炫耀性产品的购买欲望。

四、研究局限性

本书将社会心理学领域对社会排斥的研究拓展到了消费者行为领域，重点关注了何种条件下会促使受到排斥的消费者产生炫耀性消费倾向。研究目标是探讨社会排斥对消费者炫耀性消费的影响机理，丰富了相关的理论研究，并为相关企业营销实践及营销策略的制定提供了启示。然而，本书对于社会排斥的分析主要源于人际交往的过程，并且对社会排斥主要采用操纵的方式，加之研究者本身在相应的心理学和社会学等领域知识的局限，以及受研究能力、经费和时间、精力等多方面因素和条件的制约与限制，研究仍存在诸多不足和局限性。具体表现在以下几个方面：

（1）炫耀性消费呈现方式的局限性。本书主要采用实验方法完成了假设的验证，对于炫耀性消费的呈现主要是以产品标志大小或有无来对炫耀性产品进行区分，或者选择相应的能够反映一定炫耀性的产品进行分析，虽然这些研究方法是基于以往学者关于炫耀性消费中炫耀性产品操纵的方式来完成的（Lee 和 Shrum，2012；Wilcox、Kim 和 Sen，2009；Griskevicius 等，2007；Wang 和 Griskevicius，2014），但炫耀性消费并不仅仅局限于这几种方式，可能需要更深入地考虑其他炫耀性消费的呈现方式，以期获取更准确的研究结论。另外，本书其中一个实验以 Gierl 和

Huettl（2010）的研究为依据，将独特性的产品作为消费者炫耀性消费的一种表现形式，预测试中表明该独特性产品具有一定炫耀性，未来的研究中可以进一步对独特性产品所具有的炫耀性进行分析。

（2）炫耀性消费倾向与行为的差异。本书关注的主要内容集中于炫耀性消费倾向的研究，具体研究中考察的是消费者对于炫耀性产品的偏好或者支付意愿，偏好或者支付愿意本质上只是消费者心理上对于炫耀性产品购买欲望的强烈程度，并未实际发生消费或者支付行为。尽管有几个研究中使用了炫耀性产品的选择，但该选择仍不是消费者真实的购买行为。消费行为学领域的研究中并未过多强调炫耀性消费倾向与行为之间的差异性，因为有关消费行为的研究认为消费倾向越强，那么发生实际消费行为的可能性也就越大。这也就使得本书的研究结论可能存在一定局限性，未来的研究可以考虑这一实际消费行为的发生。

（3）研究方法的局限性。本书的研究方法主要采用实验法，虽然在消费者行为领域该方法得以广泛使用，但由于操纵条件的严格性，实际生活中可能会遇到更为复杂的状况，从而对研究结果产生一定影响。为了保证研究可以得到更科学、准确的结果，应该采用更多其他的方法，如针对本书社会排斥与炫耀性消费之间的关系，可以与某些社交网站、在线交友网站以及在线购物的网站进行合作，以获取相应的消费者排斥经历及其个人特征的相关数据，采用模型构建的方法对其是否存在以及存在何种炫耀性消费行为进行分析与研究，并且可以根据这些历史数据对消费者未来的产品购买及选择行为进行预测，从而为企业提供更有效的研究结果。

（4）研究样本的局限性。本书中多个实验研究的样本选择对象为在校大学生，虽然这也是消费者行为研究中普遍使用的一个样本群体，但毕竟学生样本存在一定局限性，如购买能力等。虽然有一个研究使用了问卷调研的方式，但是多数样本集中于刚参加工作不久及工作时间为十年左右的群体，未来的研究可以进一步丰富样本的选择。另外，由于研究主要以大学生为样本，年龄、年级较为一致，并且可能女生样本量稍微多一点，因此在具体变量间关系分析时，并未关注人口统计变量的差异性，未来可以结合其他的数据获取方式，选取到更有效的样本对研究问题进行进一步的深入分析。

五、未来研究展望

社会排斥对消费者行为影响的研究近几年才得到营销学者的关注，因此该问题仍有很大的研究空间。虽然本书得出了一些研究结论，但结合研究局限性的分析，未来有关该领域的研究可以从以下几个方面展开：

第一，本书对于炫耀性消费倾向的研究发生于社会排斥感启动之后，因此从消费者行为角度分析，这种炫耀性产品的选择可能是由一种临时的或者暂时的威胁缓解动机所驱动的。社会排斥感启动后，消费者如果能够获取一段较长的缓冲时间，如对该威胁进行了分析与思考，或进行了自我肯定与群体肯定，那么这一炫耀性消费倾向可能就会有所减弱甚至消除，未来的研究可以从这一角度进行分析。

第二，社会排斥的存在也可能是长期存在的，本书的实验操纵并未对排斥的长期性以及排斥的类型做过多的区分。Richman 和 Leary（2009）指出长期普遍存在的排斥行为，会使得被排斥者最终选择退出或者规避与该群体发生联系，因此，不同的条件（如消费者内隐自我特征及群体实体性的分析）是否会影响长期社会排斥与消费者炫耀性消费倾向间的关系仍值得研究和关注。另外，Lee 和 Shrum（2012）从忽视和拒绝两个类型分析了其对消费者消费行为的影响，研究指出忽视更容易促使炫耀性消费倾向的产生。那么不同条件下不同类型的排斥可能也会令消费者产生差异性的炫耀性消费行为，该问题也可以在今后的研究中进行进一步的分析。

第三，本书对于社会排斥的操纵是通过启动消费者人际关系中的排斥或拒绝来实现的，消费行为研究中已有研究者开始关注消费情境中的品牌排斥行为（Ward 和 Dahl，2014），而这一操纵是用服务人员的排斥行为代表了品牌排斥，今后的研究可以关注具体消费情境中的品牌或服务人员排斥行为对消费者炫耀性消费倾向的影响。

第四，本书主要强调炫耀性消费是人们缓解自我威胁的一种方式或手段，受到社会排斥威胁的实体论者以及源于高实体性群体的社会排斥会促使消费者产生炫耀性消费倾向，而本书的解释是消费者之所以产生这种倾向，是因为人们出于自身状态调整的需要，希望借助炫耀性的消费以证明自己或缓解不好的状态。Townsend 和 Sood（2012）指出，借助具有审美价值的独特产品可以启动人们的自我肯定感，因此未来的研究可以关注，炫耀性消费是否可以帮助受到排斥威胁的消费者进行自我调整使其产生自我肯定以及该自我调整在哪些条件下可以发生。

第五，本书对自我肯定与群体肯定的分析是分开进行的，自我肯定更多的是对个体价值的肯定，群体肯定更多的是对群体价值的肯定，尽管 Tropp 和 Wright（2001）认为二者具有一定交叉性，并且在某种程度上可能会获取一致的研究结果（Sherman 等，2007），但是二者仍可能会发生共同作用。因此，未来的研究可以考虑二者是否会共同影响社会排斥与消费者炫耀性倾向间的关系。

第六，与社交网站进行合作，获取消费者社交活动中有关排斥或拒绝经历的数据，以这些数据与消费者的真实消费行为（如产品购买、广告点击等）为依据建立消费者购买行为的模型，通过相应模型的建立可以对消费者未来的产品购买行为进行预测。

参考文献

[1] Aaker J. L. Dimensions of Brand Personality [J]. Journal of Marketing Research, 1997, 34 (3): 347-357.

[2] Abelson R. P., Dasgupta N., Park J., et al. Perceptions of the Collective Other [J]. Personality and Social Psychology Review, 1998, 2 (4): 243-250.

[3] Aiken L. S., West S. G. Multiple Regression: Testing and Interpreting Interactions [M]. Tousand Oaks, CA: Sage Publications, 1991.

[4] Amaldoss W., Jain S. Pricing of Conspicuous Goods: A Competitive Analysis of Social Effects [J]. Journal of Marketing Research, 2005, 42 (1): 30-42.

[5] Argo J. J., White K., Dahl D. W. Social Comparison Theory and Deception in the Interpersonal Exchange of Consumption Information [J]. Journal of Consumer Research, 2006, 33 (1): 99-108.

[6] Armor D. A., Taylor S. E. When Predictions Fail: The Dilemma of Unrealistic Optimism [A]. In T. Gilovich, D. Griffin, D. Kahneman (Eds.), Heuristics and Biases: The Psychology of Intuitive Judgment [C]. New York: Cambridge University Press, 2002: 334-347.

[7] Aronson J., Cohen G. L., Nail P. R. Self-affirmation Theory: An Update and Appraisal [A]. In E. Harmon-Jones, J. Mills (Eds.), Cognitive Dissonance Theory: Revival with Revisions and Controversies [C]. Washington, DC: American Psychological Association, 1999: 127-147.

[8] Bagwell L. S., Bernheim B. D. Veblen Effects in a Theory of Conspicuous

Consumption [J]. The American Economic Review, 1996, 86 (3): 349-373.

[9] Ball D. A., Tasaki L. H. The Role and Measurement of Attachment in Consumer Behavior [J]. Journal of Consumer Psychology, 1992, 1 (2): 155-172.

[10] Banerjee A. V., Duflo E. The Economic Lives of the Poor [J]. The Journal of Economic Perspectives, 2007, 21 (1): 141-167.

[11] Barner-Barry C. Rob: Children's Tacit use of Peer Ostracism to Control Aggressive Behavior [J]. Ethology and Sociobiology, 1986, 7 (3): 281-293.

[12] Bass E. C., Stednitz S. J., Simonson K., et al. Physiological Stress Reactivity and Empathy Following Social Exclusion: A Test of the Defensive Emotional Analgesia Hypothesis [J]. Social Neuroscience, 2014, 9 (5): 504-513.

[13] Baumeister R. F., Brewer L. E., Tice D. M., et al. Thwarting the Need to Belong: Understanding the Interpersonal and Inner Effects of Social Exclusion [J]. Social and Personality Psychology Compass, 2007, 1 (1): 506-520.

[14] Baumeister R. F., DeWall C. N., Ciarocco N. J., et al. Social Exclusion Impairs Self-regulation [J]. Journal of Personality and Social Psychology, 2005, 88 (4): 589-604.

[15] Baumeister R. F., Leary M. R. The Need to Belong: Desire for Interpersonal Attachments as a Fundamental Human Motivation [J]. Psychological Bulletin, 1995, 117 (3): 497-529.

[16] Baumeister R. F., Tice D. M. Anxiety and Social Exclusion [J]. Journal of Social and Clinical Psychology, 1990, 9 (2): 165-195.

[17] Baumeister R. F., Twenge J. M., Ciarocco N. The Inner World of Rejection: Effects of Social Exclusion on Emotion, Cognition, and Self-regulation [A]. In J. P. Forgas, K. D. Williams (Eds.), The Social Self: Cognitive, Interpersonal, and Intergroup Perspectives [C]. Philadelphia, PA: Psychology Press, 2002: 161-174.

[18] Baumeister R. F., Twenge J. M., Nuss C. K. Effects of Social Exclusion on Cognitive Processes: Anticipated Aloneness Reduces Intelligent Thought [J]. Journal of Personality and Social Psychology, 2002, 83 (4): 817-827.

[19] Baumeister R. F. A Self-presentational View of Social Phenomena [J]. Psychological Bulletin, 1982, 91 (1): 3-26.

[20] Baumeister R. F. The self [A]. In D. T. Gilbert, S. T. Fiske, G. Lindzey (Eds.), Handbook of Social Psychology 4th ed. [C]. New York: McGraw-Hill, 1998: 680-740.

[21] Belk R. W. Possessions and the Extended Self [J]. Journal of Consumer Research, 1988, 15 (2): 139-168.

[22] Berger J., Heath C. Where Consumers Diverge from Others: Identity-signaling and Product Domains [J]. Journal of Consumer Research, 2007, 34 (2): 121-134.

[23] Berger J., Rand L. Shifting Signals to Help Health: Using Identity Signaling to Reduce Risky Health Behaviors [J]. Journal of Consumer Research, 2008, 35 (3): 509-518.

[24] Berger J., Ward M. Subtle Signals of Inconspicuous Consumption [J]. Journal of Consumer Research, 2010, 37 (4): 555-569.

[25] Bernstein M. J., Claypool H. M. Social Exclusion and Pain Sensitivity: Why Exclusion Sometimes Hurts and Sometimes Numbs [J]. Personality and Social Psychology Bulletin, 2012, 38 (2): 185-196.

[26] Bernstein M. J., Sacco D. F., Brown C. M., et al. A Preference for Genuine Smiles Following Social Exclusion [J]. Journal of Experimental Social Psychology, 2010, 46 (1): 196-199.

[27] Binkley C. Taking an Emotional Audit of Rodeo Drive [EB/OL]. Wall Street Journal, http://online.wsj.com/public/article/SB119387210243478281.html?mod=blog, 2007-11.

[28] Bird R. B., Smith E. A. Signaling Theory, Strategic Interaction, and Symbolic Capital [J]. Current Anthropology, 2005, 46 (2): 221-248.

[29] Blackhart G. C., Knowles M. L., Nelson B. C., et al. Rejection Elicits Emotional Reactions but Neither Causes Immediate Distress nor Lowers Self-esteem: A Meta-analytic Review of 192 Studies on Social Exclusion [J]. Person-

ality and Social Psychology Review, 2009, 13 (4): 269-309.

[30] Brewer M. B., Harasty A. S. Seeing Groups as Entities: The Role of Perceiver Motivation [A]. In R. M. Sorrentino, E. T. Higgins (Eds.), Handbook of Motivation and Cognition, Vol. 3: The Interpersonal Context. Handbook of Motivation and Cognition [C]. New York, NY: Guilford Press, 1996: 347-370.

[31] Buckley K. E., Winkel R. E., Leary M. R. Reactions to Acceptance and Rejection: Effects of Level and Sequence of Relational Evaluation [J]. Journal of Experimental Social Psychology, 2004, 40 (1): 14-28.

[32] Buss D. M. Evolutionary Personality Psychology [J]. Annual Review of Psychology, 1991, 42 (1): 459-491.

[33] Cacioppo J. T., Patrick W. Loneliness: Human Nature and the Need for Social Connection [M]. New York: Norton, 2008.

[34] Campbell D. T. Common Fate, Similarity, and Other Indices of the Status of Aggregates of persons as Social Entities [J]. Behavioral Science, 1958, 3 (1): 14-25.

[35] Castano E., Yzerbyt V., Bourguignon D. We are one and I like it: The Impact of Ingroup Entitativity on Ingroup Identification [J]. European Journal of Social Psychology, 2003, 33 (6): 735-754.

[36] Castano E., Yzerbyt V., Paladino M-P, et al. I belong, therefore, I Exist: Ingroup Identification, Ingroup Entitativity, and Ingroup Bias [J]. Personality and Social Psychology Bulletin, 2002, 28 (2): 135-143.

[37] Castano E. On the Advantages of Reifying the Ingroup [A]. In V. Yzerbyt, C. M. Judd, O. Corneille (Eds.), The Psychology of Group Perception: Perceived Variability, Entitativity, and Essentialism [C]. New York: Psychology Press, 2004: 381-400.

[38] Cavazza N., Pagliaro S., Guidetti M. Antecedents of Concern for Personal Reputation: The Role of Group Entitativity and Fear of Social Exclusion [J]. Basic and Applied Social Psychology, 2014, 36 (4): 365-376.

[39] Čehajić-Clancy S., Effron D. A., Halperin E., et al. Affirmation,

Acknowledgment of In-group Responsibility, Group-based Guilt, and Support for Reparative Measures [J]. Journal of Personality and Social Psychology, 2011, 101 (2): 256-270.

[40] Charles K. K., Hurst E., Roussanov N. Conspicuous Consumption and Race [J]. Quarterly Journal of Economics, 2009, 124 (2): 425-467.

[41] Chatterjee P., Irmak C., Rose R. L. The Endowment Effect as Self-enhancement in Response to Threat [J]. Journal of Consumer Research, 2013, 40 (3): 460-476.

[42] Chaudhuri H. R., Majumdar S. Conspicuous Consumption: Is that all Bad? Investigating the Alternative Paradigm [J]. Vikalpa, 2010, 35 (4): 53-59.

[43] Chaudhuri H. R., Majumdar S. Of Diamonds and Desires: Understanding Conspicuous Consumption from a Contemporary Marketing Perspective [J]. Academy of Marketing Science Review, 2006, 11 (2/3): 2-18.

[44] Chen E. Y. I., Yeh N-C, Wang C. P. Conspicuous Consumption: A Preliminary Report of Scale Development and Validation [J]. Advances in Consumer Research, 2008 (35): 686-687.

[45] Chiu C., Dweck C. S., Tong Y., et al. Implicit Theories and Conceptions of Morality [J]. Journal of Personality and Social Psychology, 1997, 73 (5): 923-940.

[46] Chiu C., Hong Y., Dweck C. S. Lay Dispositionism and Implicit Theories of Personality [J]. Journal of Personality and Social Psychology, 1997, 73 (1): 19-30.

[47] Cialdini R. B., Richardson K. D. Two Indirect Tactics of Image Management: Basking and Blasting [J]. Journal of Personality and Social Psychology, 1980, 39 (3): 406-415.

[48] Ciarocco N. J., Sommer K. L., Baumeister R. F. Ostracism and Ego Depletion: The Strains of Silence [J]. Personality and Social Psychology Bulletin, 2001, 27 (9): 1156-1163.

[49] Claypool H. M., Bernstein M. J. Social Exclusion and Stereotyping: Why and when Exclusion Fosters Individuation of Others [J]. Journal of Personality and Social Psychology, 2014, 106 (4): 571-589.

[50] Cohen G. L., Aronson J., Steele C. M. When Beliefs Yield to Evidence: Reducing Biased Evaluation by Affirming the Self [J]. Personality and Social Psychology Bulletin, 2000, 26 (9): 1151-1164.

[51] Cohen G. L., Garcia J., Purdie-Vaughns V., et al. Recursive Processes in Self-affirmation: Intervening to Close the Minority Achievement Gap [J]. Science, 2009, 324 (5925): 400-403.

[52] Cohen G. L., Purdie-Vaughns V., Garcia J. An Identity Threat Perspective on Intervention [A]. In M. Inzlicht, T. Schmader (Eds.), Stereotype Threat: Theory, Process, and Application [C]. New York: Oxford University Press, 2012: 280-296.

[53] Cohen G. L., Sherman D. K. The Psychology of Change: Self-affirmation and Social Psychological Intervention [J]. Annual Review of Psychology, 2014 (65): 333-371.

[54] Cook J. E., Purdie-Vaughns V., Garcia J., et al. Chronic Threat and Contingent Belonging: Protective Benefits of Values Affirmation on Identity Development [J]. Journal of Personality and Social Psychology, 2012, 102 (3): 479-496.

[55] Corneo G., Jeanne O. On Relative Wealth Effects and the Optimality of Growth [J]. Economics Letters, 1997, 54 (1): 87-92.

[56] Cova B. The Postmodern Explained to Managers: Implications for Marketing [J]. Business Horizons, 1996, 39 (6): 1-9.

[57] Crawford M. T., Sherman S. J., Hamilton D. L. Perceived Entitativity, Stereotype Formation, and the Interchangeability of Group Members [J]. Journal of Personality and Social Psychology, 2002, 83 (5): 1076-1094.

[58] Creswell J. D., Dutcher J. M., Klein W. M. P., et al. Self-affirmation Improves Problem-solving under Stress [EB/OL]. PLoS ONE, 2013, 8

(5): e62593.

[59] Creswell J. D., Welch W. T., Taylor S. E., et al. Affirmation of Personal Values Buffers Neuroendocrine and Psychological Stress Responses [J]. Psychological Science, 2005, 16 (11): 846-851.

[60] Crocker J., Niiya Y., Mischkowski D. Why does Writing about Important Values Reduce Defensiveness? Self-affirmation and the Role of Positive Other-directed Feelings [J]. Psychological Science, 2008, 19 (7): 740-747.

[61] Derks B., van Laar C., Ellemers N. Striving for Success in Outgroup Settings: Effects of Contextually Emphasizing Ingroup Dimensions on Stigmatized Group Members' Social Identity and Performance Styles [J]. Personality and Social Psychology Bulletin, 2006, 32 (5): 576-588.

[62] DeWall C. N., Maner J. K., Rouby D. A. Social Exclusion and Early-stage Interpersonal Perception: Selective Attention to Signs of Acceptance [J]. Journal of Personality and Social Psychology, 2009, 96 (4): 729-741.

[63] Dommer S. L., Swaminathan V., Ahluwalia R. Using Differentiated Brands to Deflect Exclusion and Protect Inclusion: The Moderating Role of Self-esteem on Attachment to Differentiated Brands [J]. Journal of Consumer Research, 2013, 40 (4): 657-675.

[64] Dunn L., Dahl D. W. Self-threat and Product Failure: How Internal Attributions of Blame Affect Consumer Complaining Behavior [J]. Journal of Marketing Research, 2012, 49 (5): 670-681.

[65] Dunning D., Griffin D. W., Milojkovic J. D., et al. The Overconfidence Effect in Social Prediction [J]. Journal of Personality and Social Psychology, 1990, 58 (4): 568-592.

[66] Dweck C. S., Chiu C., Hong Y. Implicit Theories and Their Role in Judgments and Reactions: A World from two Perspectives [J]. Psychological Inquiry, 1995, 6 (4): 267-285.

[67] Dweck C. S., Elliott E. S. Achievement Motivation [A]. In E. M. Hetherington (Ed.), Socialization, Personality, and Social Development [C].

New York: Wiley, 1983: 643-691.

[68] Dweck C. S., Leggett E. L. A Social-cognitive Approach to Motivation and Personality [J]. Psychological Review, 1988, 95 (2): 256-273.

[69] Dweck C. S., Molden D. C. Self-theories: The Construction of Free Will [A]. In J. Baer, J. C. Kaufman, R. F. Baumeister (Eds.), Are We Free? Psychology and Free Will [C]. New York: Oxford University Press, 2008: 44-64.

[70] Dweck C. S. Self-theories: Their Role in Motivation, Personality and Development [M]. Philadelphia: Psychology Press, 2000.

[71] Eisenberger N. I., Lieberman M. D., Williams K. D. Does Rejection Hurt? An fMRI study of Social Exclusion [J]. Science, 2003, 302 (5643): 290-292.

[72] Eisenberger N. I., Lieberman M. D. Why it Hurts to be Left Out: The Neurocognitive Overlap Between Physical and Social Pain [A]. In K. D. Williams, J. P. Forgas, W. von Hippel (Eds.), The Social Outcast: Ostracism, Social Exclusion, Rejection, and Bullying [C]. New York: Psychology Press, 2005: 109-130.

[73] Elliott E. S., Dweck C. S. Goals: An Approach to Motivation and Achievement [J]. Journal of Personality and Social Psychology, 1988, 54 (1): 5-12.

[74] Elliott R., Wattanasuwan K. Consumption and the Symbolic Project of the Self [A]. In B. G. Englis, A Olofsson (Eds.), European Advances in Consumer Research Volume 3 [C]. Provo UT: Association for Consumer Research, 1998: 17-20.

[75] Erdley C. A., Dweck C. S. Children's Implicit Personality Theories as Predictors of Their Social Judgments [J]. Child Development, 1993, 64 (3): 863-878.

[76] Escalas J. E., Bettman J. R. Self-construal, Reference Groups, and Brand Meaning [J]. Journal of Consumer Research, 32 (3): 378-389.

[77] Escalas J. E., Bettman J. R. You are What They Eat: The Influence

of Reference Groups on Consumer Connections to Brands [J]. Journal of Consumer Psychology, 2003, 13 (3): 339-348.

[78] Finlay M. The Ancient Economy [M]. Berkeley and Los Angeles: University of California Press, 1973.

[79] Firat A. F., Dholakia N., Venkatesh A. Marketing in a Postmodern World [J]. European Journal of Marketing, 1995, 29 (1): 40-56.

[80] Firat A. F. The Consumer in Postmodernity [J]. Advances in Consumer Research, 1991 (18): 70-76.

[81] Forgas J. P., East R. Affective Influences on Social Judgments and Decisions: Implicit and Explicit Processes [A]. In J. P. Forgas, K. D. Williams, W. von Hippel (Eds.), Social Judgments: Implicit and Explicit Processes [C]. New York, NY: Cambridge University Press, 2003: 198-226.

[82] Futagami K., Shibata A. Keeping one Step Ahead of the Joneses: Status, the Distribution of Wealth, and Long Run Growth [J]. Journal of Economic Behavior & Organization, 1998, 36 (1): 109-126.

[83] Gaertner L., Schopler J. Perceived Ingroup Entitativity and Intergroup Bias: An Interconnection of Self and Others [J]. European Journal of Social Psychology, 1998, 28 (6): 963-980.

[84] Gardner W. L., Pickett C. L., Brewer M. B. Social Exclusion and Selective Memory: How the Need to Belong Influences Memory for Social Events [J]. Personality and Social Psychology Bulletin, 2000, 26 (4): 486-496.

[85] Gervey B. M., Chiu C., Hong Y., et al. Differential Use of Person Information in Decisions about Guilt Versus Innocence: The Role of Implicit Theories [J]. Personality and Social Psychology Bulletin, 1999, 25 (1): 17-27.

[86] Gierl H., Huettl V. Are Scarce Products Always More Attractive? The Interaction of Different Types of Scarcity Signals with Products' Suitability for Conspicuous Consumption [J]. International Journal of Research in Marketing, 2010, 27 (3): 225-235.

[87] Gilbert D. T., Pinel E. C., Wilson T. D., et al. Immune Neglect:

A Source of Durability Bias in Affective Forecasting [J]. Journal of Personality and Social Psychology, 1998, 75 (3): 617-638.

[88] Grafen A. Biological Signals as Handicaps [J]. Journal of Theoretical Biology, 1990, 144 (4): 517-546.

[89] Greenwald A. G. The Totalitarian Ego: Fabrication and Revision of Personal History [J]. American Psychologist, 1980, 35 (7): 603-618.

[90] Gremler D. D., Gwinner K. P. Rapport-building Behaviors Used by Retail Employees [J]. Journal of Retailing, 2008, 84 (3): 308-324.

[91] Griskevicius V., Tybur J. M., Sundie J. M., et al. Blatant Benevolence and Conspicuous Consumption: When Romantic Motives Elicit Strategic Costly Signals [J]. Journal of Personality and Social Psychology, 2007, 93 (1): 85-102.

[92] Gruter M., Masters R. D. Ostracism as a Social and Biological Phenomenon: An Introduction [J]. Ethology and Sociobiology, 1986, 7 (3): 149-158.

[93] Hamilton D. L., Sherman S. J., Castelli L. A Group by any Other Name—The Role of Entitativity in Group Perception [J]. European Review of Social Psychology, 2002, 12 (1): 139-166.

[94] Hamilton D. L., Sherman S. J., Maddox K. B. Dualities and Continua: Implications for Understanding Perceptions of Persons and Groups [A]. In S. Chaiken, Y. Trope (Eds.), Dual Process Theories in Social Psychology [C]. New York: Guilford, 1999: 606-626.

[95] Harman H. Modern Factor Analysis 2nd ed. [M]. Chicago: University of Chicago Press, 1967.

[96] Harris P. R., Mayle K., Mabbott L., et al. Self-affirmation Reduces Smokers' Defensiveness to Graphic On-pack Cigarette Warning Labels [J]. Health Psychology, 2007, 26 (4): 437-446.

[97] Harris P. R., Napper L. Self-affirmation and the Biased Processing of Threatening Health-risk Information [J]. Personality and Social Psychology Bulle-

tin, 2005, 31 (9): 1250-1263.

[98] Havranek E. P., Hanratty R., Tate C., et al. The Effect of Values Affirmation on Race-discordant Patient-provider Communication [J]. Archives of Internal Medicine, 2012, 172 (21): 1662-1667.

[99] Haws K. L., Winterich K. P., Naylor R. W. Seeing the World Through Green-tinted Glasses: Motivated Reasoning and Consumer Response to Environmentally Friendly Products [Z]. Working Paper, College Station, TX: Texas A&M University, 2010.

[100] Hayes A. F. Introduction to Mediation, Moderation, and Conditional Process Analysis: A Regression-based Approach [M]. New York, NY: Guilford Press, 2013.

[101] Heffetz O. Conspicuous Consumption and Expenditure Visibility: Measurement and Application [Z]. Working Paper, Johnson School of Business, Cornell University, 2007.

[102] Hong Y., Chiu C., Dweck C. S., et al. Implicit Theories and Evaluative Processes in Person Cognition [J]. Journal of Experimental Social Psychology, 1997, 33 (3): 296-323.

[103] Hong Y., Chiu C., Dweck C. S., et al. Implicit Theories, Attributions, and Coping: A Meaning System Approach [J]. Journal of Personality and Social Psychology, 1999, 77 (3): 588-599.

[104] Hong Y., Coleman J., Chan G., et al. Predicting Intergroup Bias: The Interactive Effects of Implicit Theory and Social Identity [J]. Personality and Social Psychology Bulletin, 2004, 30 (8): 1035-1047.

[105] Hong Y. Predicting Trait Versus Process Inferences: The Role of Implicit Theories [D]. Doctoral dissertation, Columbia University, 1994.

[106] Huang X., Dong P., Mukhopadhyay A. Proud to Belong or Proudly Different? Lay Theories Determine Contrasting Effects of Incidental Pride on Uniqueness Seeking [J]. Journal of Consumer Research, 2014, 41 (3): 697-712.

[107] Iacobucci D., Ostrom A. Gender Differences in the Impact of Core

and Relational Aspects of Services on the Evaluation of Service Encounters [J]. Journal of Consumer Psychology, 1993, 2 (3): 257-286.

[108] Inzlicht M., Schmader T. Stereotype Threat: Theory, Process, and Application [M]. New York: Oxford University Press, 2011.

[109] Jain S. P., Mathur P., Maheswaran D. The Influence of Consumers' Lay Theories on Approach/avoidance Motivation [J]. Journal of Marketing Research, 2009, 46 (1): 56-65.

[110] Jaremka L. M., Bunyan D. P., Collins N. L., et al. Reducing Defensive Distancing: Self-affirmation and Risk Regulation in Response to Relationship Threats [J]. Journal of Experimental Social Psychology, 2011, 47 (1): 264-268.

[111] Jemmott J. B., Ditto P. H., Croyle R. T. Judging Health Status: Effects of Perceived Prevalence and Personal Relevance [J]. Journal of Personality and Social Psychology, 1986, 50 (5): 899-905.

[112] Keltner D., Gruenfeld D. H., Anderson C. Power, Approach, and Inhibition [J]. Psychological Review, 2003, 110 (2): 265-284.

[113] Keough K. A., Markus H. R. The Role of the Self in Building the Bridge from Philosophy to Biology [J]. Psychological Inquiry, 1998, 9 (1): 49-53.

[114] Kim S., Wan E. W., Zhang K. Becoming more Sensitive to the Source of Social Exclusion: When Self-affirmation and Type of Social Exclusion Influences Excluded Consumers' Preference [J]. Advances in Consumer Research, 2014 (42): 91-92.

[115] Klein W. M., Harris P. R., Ferrer R. A., et al. Feelings of Vulnerability in Response to Threatening Messages: Effects of Self-affirmation [J]. Journal of Experimental Social Psychology, 2011, 47 (6): 1237-1242.

[116] Koole S. L., Smeets K., Van Knippenberg A., et al. The Cessation of Rumination through Self-affirmation [J]. Journal of Personality and Social Psychology, 1999, 77 (1): 111-125.

[117] Kouchaki M., Wareham J. Excluded and Behaving Unethically: So-

cial Exclusion, Physiological Responses, and Unethical Behavior [J]. Journal of Applied Psychology, 2015, 100 (2): 547-556.

[118] Kruger J., Dunning D. Unskilled and Unaware of It: How Difficulties in Recognizing One's Own Incompetence Lead to Inflated Self-assessments [J]. Journal of Personality and Social Psychology, 1999, 77 (6): 1121-1134.

[119] Kunda Z. Motivated Inference: Self-serving Generation and Evaluation of Causal Theories [J]. Journal of Personality and Social Psychology, 1987, 53 (4): 636-647.

[120] Kwon J., Nayakankuppam D. Strength without Elaboration: The Role of Implicit Self-theories in Forming and Accessing Attitudes [J]. Journal of Consumer Research, 2015, 42 (2): 316-339.

[121] Lakin J. L., Chartrand T. L. Exclusion and Nonconscious Behavioral Mimicry [A]. In K. D. Williams, J. P. Forgas, W. von Hippel (Eds.), The Social Outcast: Ostracism, Social Exclusion, Rejection, and Bullying [C]. New York: Psychology Press, 2005: 279-295.

[122] Lalonde R. N. The Dynamics of Group Differentiation in the Face of Defeat [J]. Personality and Social Psychology Bulletin, 1992, 18 (3): 336-342.

[123] Latané B., Nida S. Ten Years of Research on Group Size and Helping [J]. Psychological Bulletin, 1981, 89 (2): 308-324.

[124] Latané B. The Psychology of Social Impact [J]. American Psychologist, 1981, 36 (4): 343-356.

[125] Leach H. Did East Polynesians have a Concept of Luxury Foods? [J]. World Archaeology, 2003, 34 (3): 442-457.

[126] Leary M. R., Koch E., Hechenbleikner N. Emotional Responses to Interpersonal Rejection [A]. In M. R. Leary (Ed.), Interpersonal Rejection [C]. New York: Oxford University Press, 2001: 145-166.

[127] Leary M. R., Kowalski R. M., Smith L., et al. Teasing, Rejection, and Violence: Case Studies of the School Shootings [J]. Aggressive Behav-

ior, 2003, 29 (3): 202-214.

[128] Leary M. R., Tambor E. S., Terdal S. K., et al. Self-esteem as An Interpersonal Monitor: The Sociometer Hypothesis [J]. Journal of Personality and Social Psychology, 1995, 68 (3): 518-530.

[129] Leary M. R. Sociometer Theory and the Pursuit of Relational Value: Getting to the Root of Self-esteem [J]. European Review of Social Psychology, 2005, 16 (1): 75-111.

[130] Lee J., Shrum L. J. Conspicuous Consumption Versus Charitable Behavior in Response to Social Exclusion: A Differential Needs Explanation [J]. Journal of Consumer Research, 2012, 39 (3): 530-544.

[131] Leibenstein H. Bandwagon, Snob, and Veblen Effects in the Theory of Conspicuous Demand [J]. Quarterly Journal of Economics, 1950, 64 (2): 183-207.

[132] Levy S. J. Symbols for Sale [J]. Harvard Business Review, 1959, 37 (4): 117-124.

[133] Levy S. R., Stroessner S. J., Dweek C. S. Stereotype Formation and Endorsement: The Role of Implicit Theories [J]. Journal of Personality and Social Psychology, 1998, 74 (6): 1421-1436.

[134] Lewis A. C., Sherman S. J. Perceived Entitativity and the Black-sheep Effect: When will We Denigrate Negative Ingroup Members? [J]. The Journal of Social Psychology, 2010, 150 (2): 211-225.

[135] Lickel B., Hamilton D. L., Sherman S. J. Elements of a Lay Theory of Groups: Types of Groups, Relational Styles, and the Perception of Group Entitativity [J]. Personality and Social Psychology Review, 2001, 5 (2): 129-140.

[136] Lickel B., Hamilton D. L., Wieczorkowska G., et al. Varieties of Groups and the Perception of Group Entitativity [J]. Journal of Personality and Social Psychology, 2000, 78 (2): 223-246.

[137] Lickel B., Miller N., Stenstrom D. M., et al. Vicarious Retribution: The Role of Collective Blame in Intergroup Aggression [J]. Personality and Social Psychology Review, 2006, 10 (4): 372-390.

[138] Lickel B., Schmader T., Hamilton D. L. A Case of Collective Responsibility: Who Else was to Blame for the Columbine High School Shootings? [J]. Personality and Social Psychology Bulletin, 2003, 29 (2): 194-204.

[139] Loveland K. E., Smeesters D., Mandel N. Still Preoccupied with 1995: The Need to Belong and Preference for Nostalgic Products [J]. Journal of Consumer Research, 2010, 37 (3): 393-408.

[140] MacDonald G., Kingsbury R., Shaw S. Adding Insult to Injury: Social Pain Theory and Response to Social Exclusion [A]. In K. D. Williams, J. P. Forgas, W. von Hippel (Eds.), The Social Outcast: Ostracism, Social Exclusion, Rejection, and Bullying [C]. New York: Psychology Press, 2005: 77-90.

[141] Major B., Spencer S., Schmader T., et al. Coping with Negative Stereotypes about Intellectual Performance: The Role of Psychological Disengagement [J]. Personality and Social Psychology Bulletin, 1998, 24 (1): 34-50.

[142] Maner J. K., DeWall C. N., Baumeister R. F., et al. Does Social Exclusion Motivate Interpersonal Reconnection? Resolving the "Porcupine Problem" [J]. Journal of Personality and Social Psychology, 2007, 92 (1): 42-55.

[143] Marcoux J-S, Filiatrault P., Cheron E. The Attitudes Underlying Preferences of Young Urban Educated Polish Consumers Towards Products Made in Western Countries [J]. Journal of International Consumer Marketing, 1997, 9 (4): 5-29.

[144] Marigold D. C., Holmes J. G., Ross M. Fostering Relationship Resilience: An Intervention for Low Self-esteem Individuals [J]. Journal of Experimental Social Psychology, 2010, 46 (4): 624-630.

[145] Marigold D. C., Holmes J. G., Ross M. More than Words: Reframing Compliments from Romantic Partners Fosters Security in Low Self-esteem Individuals [J]. Journal of Personality and Social Psychology, 2007, 92 (2): 232-248.

[146] Marques J. M., Yzerbyt V. Y., Leyens J. P. The "Black Sheep Effect": Extremity of Judgments Towards Ingroup Members as a Function of Group Identification [J]. European Journal of Social Psychology, 1988, 18 (1): 1-16.

[147] Marshall A. Principles of Economics 8th ed. [M]. London: Macmillan Company, 1964 (Original work published in 1890).

[148] Martens A., Johns M., Greenberg J., et al. Combating Stereotype Threat: The Effect of Self-affirmation on Women's Intellectual Performance [J]. Journal of Experimental Social Psychology, 2006, 42 (2): 236-243.

[149] Mason R. S. Conspicuous Consumption [J]. European Journal of Marketing, 1984, 18 (3): 26-38.

[150] Mason R. S. Conspicuous Consumption: A Study of Exceptional Consumer Behavior [M]. New York: St. Martin's Press, 1981.

[151] Master S. L., Eisenberger N. I., Taylor S. E., et al. A Picture's Worth Partner Photographs Reduce Experimentally Induced Pain [J]. Psychological Science, 2009, 20 (11): 1316-1318.

[152] Mazzocco P. J., Rucker D. D., Galinsky A. D., et al. Direct and Vicarious Conspicuous Consumption: Identification with Low-status Groups Increases the Desire for High-status Goods [J]. Journal of Consumer Psychology, 2012, 22 (4): 520-528.

[153] McAndrew F. T. New Evolutionary Perspectives on Altruism: Multilevel-selection and Costly-signaling Theories [J]. Current Directions in Psychological Science, 2002, 11 (2): 79-82.

[154] McConnell A. R. Implicit Theories: Consequences for Social Judgments of Individuals [J]. Journal of Experimental Social Psychology, 2001, 37 (3): 215-227.

[155] Mead N. L., Baumeister R. F., Stillman T. F., et al. Social Exclusion Causes People to Spend and Consume Strategically in the Service of Affiliation [J]. Journal of Consumer Research, 2011, 37 (5): 902-919.

[156] Miller D. T., Ross M. Self-serving Biases in the Attribution of Causality: Fact or Fiction? [J]. Psychological Bulletin, 1975, 82 (2): 213-225.

[157] Miyake A., Kost-Smith L. E., Finkelstein N. D., et al. Reducing the Gender Achievement Gap in College Science: A Classroom Study of Values Af-

firmation [J]. Science, 2010, 330 (6008): 1234-1237.

[158] Molden D. C., Dweck C. S. Finding "Meaning" in Psychology: A Lay Theories Approach to Self-regulation, Social Perception, and Social Development [J]. American Psychologist, 2006, 61 (3): 192.

[159] Molden D. C., Lucas G. A., Gardner W. L., et al. Motivations for Prevention or Promotion Following Social Exclusion: Being Rejected Versus Being Ignored [J]. Journal of Personality and Social Psychology, 2009, 96 (2): 415-431.

[160] Molden D. C., Plaks J. E., Dweck C. S. "Meaningful" Social Inferences: Effects of Implicit Theories on Inferential Processes [J]. Journal of Experimental Social Psychology, 2006, 42 (6): 738-752.

[161] Muniz A. M. Jr, O'Guinn T. C. Brand Community [J]. Journal of Consumer Research, 2001, 27 (4): 412-432.

[162] Murray S. L., Griffin D. W., Rose P., et al. For Better or Worse? Self-esteem and the Contingencies of Acceptance in Marriage [J]. Personality and Social Psychology Bulletin, 2006, 32 (7): 866-880.

[163] Murrell A., Jones J. Perceived Control and Victim Derogation: Is the World still Just? [J]. Journal of Social Behavior and Personality, 1993, 8 (3): 545-554.

[164] Naderi I., Mead N. L. Can Broken Hearts Lead to an Endangered Planet? Social Exclusion Reduces Willingness to "Go Green" [J]. Advances in Consumer Research, 2014 (42): 93-94.

[165] Narayanan J., Tai K., Kinias Z. Power Motivates Interpersonal Connection Following Social Exclusion [J]. Organizational Behavior and Human Decision Processes, 2013, 122 (2): 257-265.

[166] Nelissen R. M., Meijers M. H. Social Benefits of Luxury Brands as Costly Signals of Wealth and Status [J]. Evolution and Human Behavior, 2011, 32 (5): 343-355.

[167] Nezlek J. B., Kowalski R. M., Leary M. R., et al. Personality

Moderators of Reactions to Interpersonal Rejection: Depression and Trait Self-esteem [J]. Personality and Social Psychology Bulletin, 1997, 23 (12): 1235-1244.

[168] OdellA. Salespeople at Snooty Stores Won't be Snooty to You this Holiday Shopping Season [EB/OL]. http://nymag.com/daily/fashion/2009/12/salespeople_at_snooty_stores_w.html#comments, 2009-12.

[169] Overall N. C., Simpson J. A., Struthers H. Buffering Attachment-related Avoidance: Softening Emotional and Behavioral Defenses During Conflict Discussions [J]. Journal of Personality and Social Psychology, 2013, 104 (5): 854-871.

[170] Page C. A History of Conspicuous Consumption [A]. In F. W. Rudmin, M. Richins (Eds.), Meaning, Measure, and Morality of Materialism [C]. Provo UT: Association for Consumer Research, 1992: 82-87.

[171] Park J. K., John D. R. Capitalizing on Brand Personalities in Advertising: The Influence of Implicit Self-theories on Adappeal Effectiveness [J]. Journal of Consumer Psychology, 2012, 22 (3): 424-432.

[172] Park J. K., John D. R. Got to Get You into My Life: Do Brand Personalities Rub off on Consumers? [J]. Journal of Consmer Research, 2010, 37 (4): 655-669.

[173] Park J. K., John D. R. I Think I Can, I Think I Can: Brand Use, Self-efficacy, and Performance [J]. Journal of Marketing Research, 2014, 51 (2): 233-247.

[174] Pickett C. L., Gardner W. L., Knowles M. Getting a Cue: The Need to Belong and Enhanced Sensitivity to Social Cues [J]. Personality and Social Psychology Bulletin, 2004, 30 (9): 1095-1107.

[175] Plaks J. E., Grant H., Dweck C. S. Violations of Implicit Theories and the Sense of Prediction and Control: Implications for Motivated Person Perception [J]. Journal of Personality and Social Psychology, 2005, 88 (2): 245-262.

[176] Plaks J. E. Implicit Theories and Attention Allocation: Preferences for

Stereotypic vs. Counterstereotypic Information [D]. Doctoral Dissertation, Columbia University, 2001.

[177] Podsakoff P. M., Organ D. W. Self-Reports in Organizational Research: Problems and Prospects [J]. Journal of Management, 1986, 12 (4): 531-544.

[178] Poulsen J. R., Kashy D. A. Two Sides of the Ostracism Coin: How Sources and Targets of Social Exclusion Perceive Themselves and one Another [J]. Group Processes & Intergroup Relations, 2012, 15 (4): 457-470.

[179] Powers K. E., Worsham A. L., Freeman J. B., et al. Social Connection Modulates Perceptions of Animacy [J]. Psychological Science, 2014, 25 (10): 1943-1948.

[180] Pressman S. D., Cohen S. Does Positive Affect Influence Health? [J]. Psychological Bulletin, 2005, 131 (6): 925-971.

[181] Puzakova M., Kwak H., Rocereto J. F. When Humanizing Brands Goes Wrong: The Detrimental Effect of Brand Anthropomorphization Amid Product Wrongdoings [J]. Journal of Marketing, 2013, 77 (3): 81-100.

[182] Rae J. The Sociological Theory of Capital [M]. London: Macmillan Company, 1905 (Original Work Published in 1834).

[183] Ratner R. K., Kahn B. E., Kahneman D. Choosing Less-preferred Experiences for the Sake of Variety [J]. Journal of Consumer Research, 1999, 26 (1): 1-14.

[184] Ratner R. K., Kahn B. E. The Impact of Private Versus Public Consumption on Variety-seeking Behavior [J]. Journal of Consumer Research, 2002, 29 (2): 246-258.

[185] Rhodewalt F. Conceptions of Ability, Achievement Goals, and Individual Differences in Self-handicapping Behavior: On the Application of Implicit Theories [J]. Journal of Personality, 1994, 62 (1): 67-85.

[186] Richins M. L. Valuing Things: The Public and Private Meanings of Possessions [J]. Journal of Consumer Research, 1994, 21 (3): 504-521.

[187] Richman L. S., Leary M. R. Reactions to Discrimination, Stigmatization, Ostracism, and other Forms of Interpersonal Rejection: A Multimotive Model [J]. Psychological Review, 2009, 116 (2): 365–383.

[188] Robins R. W., Pals J. L. Implicit Self–theories in the Academic Domain: Implications for Goal Orientation, Attributions, Affect, and Self–esteem Change [J]. Self and Identity, 2002, 1 (4): 313–336.

[189] Ross L., Nisbett R. E. The Person and the Situation: Perspectives of Social Psychology [M]. New York: McGraw–Hill, 1991.

[190] Rucker D. D., Galinsky A. D. Desire to Acquire: Powerlessness and Compensatory Consumption [J]. Journal of Consumer Research, 2008, 35 (2): 257–267.

[191] Rucker D. D., Galinsky A. D. Conspicuous Consumption Versus Utilitarian Ideals: How Different Levels of Power Shape Consumer Behavior [J]. Journal of Experimental Social Psychology, 2009, 45 (3): 549–555.

[192] Sacchi S., Castano E., Brauer M. Perceiving One's Nation: Entitativity, Agency and Security in the International Arena [J]. International Journal of Psychology, 2009, 44 (5): 321–332.

[193] Saenger C., Thomas V. L., Johnson J. W. Consumption–focused Self–expression Word of Mouth: A New Scale and Its Role in Consumer Research [J]. Psychology and Marketing, 2013, 30 (11): 959–970.

[194] Sani F., Todman J. Should we Stay or Should We Go? A Social Psychological Model of Schisms in Groups [J]. Personality and Social Psychology Bulletin, 2002, 28 (12): 1647–1655.

[195] Sani F. When Subgroups Secede: Extending and Refining the Social Psychological Model of Schism in Groups [J]. Personality and Social Psychology Bulletin, 2005, 31 (8): 1074–1086.

[196] Schau H. J., Gilly M. C. We Are what We Post? Self–presentation in Personal Web Space [J]. Journal of Consumer Research, 2003, 30 (3): 385–404.

[197] Schmeichel B. J., Vohs K. Self-affirmation and Self-control: Affirming Core Values Counteracts Ego Depletion [J]. Journal of Personality and Social Psychology, 2009, 96 (4): 770-782.

[198] Scott M. L., Mende M., Bolton L. E. Judging the Book by Its Cover? How Consumers Decode Conspicuous Consumption Cues in Buyer-seller Relationships [J]. Journal of Marketing Research, 2013, 50 (3): 334-347.

[199] Shapiro J. R., Williams A. M., Hambarchyan M. Are All Interventions Created Equal? A Multi-threat Approach to Tailoring Stereotype Threat Interventions [J]. Journal of Personality and Social Psychology, 2013, 104 (2): 277-288.

[200] Shavitt S., Nelson M. R. The Social Identity Function in Person Perception: Communicated Meanings of Product preferences [A]. In G. R. Maio, J. M. Olson (Eds.), Why We Evaluate: Function of Attitudes [C]. Mahwah, NJ: Erlbaum, 1999: 27-57.

[201] Sherman D. K., Cohen G. L., Nelson L. D., et al. Affirmed Yet Unaware: Exploring the Role of Awareness in the Process of Self-affirmation [J]. Journal of Personality and Social Psychology, 2009, 97 (5): 745-764.

[202] Sherman D. K., Cohen G. L. Accepting Threatening Information: Self-affirmation and the Reduction of Defensive Biases [J]. Current Directions in Psychological Science, 2002, 11 (4): 119-123.

[203] Sherman D. K., Cohen G. L. The Psychology of Self-defense: Self-affirmation Theory [J]. Advances in Experimental Social Psychology, 2006 (38): 183-242.

[204] Sherman D. K., Hartson K. A., Binning K. R., et al. Deflecting the Trajectory and Changing the Narrative: How Self-affirmation Affects Academic Performance and Motivation Under Identity Threat [J]. Journal of Personality and Social Psychology, 2013, 104 (4): 591-618.

[205] Sherman D. K., Kinias Z., Major B., et al. The Group as a Resource: Reducing Biased Attributions for Group Success and Failure Via Group Af-

firmation [J]. Personality and Social Psychology Bulletin, 2007, 33 (8): 1100-1112.

[206] Sherman D. K., Nelson L. D., Steele C. M. Do Messages About Health Risks Threaten the Self? Increasing the Acceptance of Threatening Health Messages Via Self-affirmation [J]. Personality and Social Psychology Bulletin, 2000, 26 (9): 1046-1058.

[207] Sherman S. J., Hamilton D. L., Lewis A. C. Perceived Entitativity and the Social Identity Value of Group Memberships [A]. In D. Abrams, M. A. Hogg (Eds.), Social Identity and Social Cognition [C]. Malden: Blackwell Publishing, 1999: 80-110.

[208] Shukla P. Conspicuous Consumption Among Middle Age Consumers: Psychological and Brand Antecedents [J]. Journal of Product & Brand Management, 2008, 17 (1): 25-36.

[209] Sirgy M. J. Self-concept in Consumer Behavior: A Critical Review [J]. Journal of Consumer Research, 1982, 9 (3): 287-300.

[210] Sivanathan N., Molden D. C., Galinsky A. D., et al. The Promise and Peril of Self-affirmation in De-escalation of Commitment [J]. Organizational Behavior and Human Decision Processes, 2008, 107 (1): 1-14.

[211] Sivanathan N., Pettit N. C. Protecting the Self Through Consumption: Status Goods as Affirmational Commodities [J]. Journal of Experimental Social Psychology, 2010, 46 (3): 564-570.

[212] Snapp C. M., Leary M. R. Hurt Feelings Among New Acquaintances: Moderating Effects of Interpersonal Familiarity [J]. Journal of Social and Personal Relationships, 2001, 18 (3): 315-326.

[213] Sommer K. L., Baumeister R. F. Self-evaluation, Persistence, and Performance Following Implicit Rejection: The Role of Trait Self-esteem [J]. Personality and Social Psychology Bulletin, 2002, 28 (7): 926-938.

[214] Sommer K. L., Williams K. D., Ciarocco N. J., et al. When Silence Speaks Louder than Words: Explorations into the Intrapsychic and Interper-

sonal Consequences of Social Ostracism [J]. Basic and Applied Social Psychology, 2001, 23 (4): 225-243.

[215] Spears R., Manstead A. S. The Social Context of Stereotyping and Differentiation [J]. European Journal of Social Psychology, 1989, 19 (2): 101-121.

[216] Spencer-Rodgers J., Hamilton D. L., Sherman S. J. The Central Role of Entitativity in Stereotypes of Social Categories and Task Groups [J]. Journal of Personality and Social Psychology, 2007, 92 (3): 369-388.

[217] Steele C. M., Southwick L. L., Critchlow B. Dissonance and Alcohol: Drinking Your Troubles Away [J]. Journal of Personality and Social Psychology, 1981, 41 (5): 831-846.

[218] Steele C. M., Spencer S. J., Aronson J. Contending with Group Image: The Psychology of Stereotype and Social Identity Threat [J]. Advances in Experimental Social Psychology, 2002 (34): 379-440.

[219] Steele C. M. A Threat in the Air: How Stereotypes Shape Intellectual Identity and Performance [J]. American Psychologist, 1997, 52 (6): 613-629.

[220] Steele C. M. The Psychology of Self-affirmation: Sustaining the Integrity of the Self [J]. Advances in Experimental Social Psychology, 1988 (21): 261-302.

[221] Stenstrom D., Lickel B., Denson T., et al. The Roles of Ingroup Identification and Outgroup Entitativity in Intergroup Retribution [J]. Personality and Social Psychology Bulletin, 2008, 34 (11): 1570-1582.

[222] Stillman T. F., Baumeister R. F., Lambert N. M., et al. Alone and Without Purpose: Life Loses Meaning Following Social Exclusion [J]. Journal of Experimental Social Psychology, 2009, 45 (4): 686-694.

[223] Stinson D. A., Logel C., Shepherd S., et al. Rewriting the Self-fulfilling Prophecy of Social Rejection Self-affirmation Improves Relational Security and Social Behavior up to 2 Months Later [J]. Psychological Science, 2011, 22 (9): 1145-1149.

[224] Sundie J. M., Kenrick D. T., Griskevicius V., et al. Peacocks, Porsches, and Thorstein Veblen: Conspicuous Consumption as a Sexual Signaling System [J]. Journal of Personality and Social Psychology, 2011, 100 (4): 664-680.

[225] Sundie J. M., Ward J. C., Beal D. J., et al. Schadenfreude as a Consumption-related Emotion: Feeling Happiness about the Downfall of Another's Product [J]. Journal of Consumer Psychology, 2009, 19 (3): 356-373.

[226] Swaminathan V., Stilley K. M., Ahluwalia R. When Brand Personality Matters: The Moderating Role of Attachment Styles [J]. Journal of Consumer Research, 2009, 35 (6): 985-1002.

[227] Taylor S. E., Brown J. D. Illusion and Well-being: A Social Psychological Perspective on Mental Health [J]. Psychological Bulletin, 1988, 103 (2): 193-210.

[228] Taylor S. E. Adjustment to Threatening Events: A Theory of Cognitive Adaptation [J]. American Psychologist, 1983, 38 (11): 1161-1173.

[229] Taylor S. E. Mechanisms Linking Early Life Stress to Adult Health Outcomes [J]. Proceedings of the National Academy of Sciences, 2010, 107 (19): 8507-8512.

[230] Taylor V. J., Walton G. M. Stereotype Threat Undermines Academic Learning [J]. Personality and Social Psychology Bulletin, 2011, 37 (8): 1055-1067.

[231] Thau S., Derfler-Rozin R., Pitesa M., et al. Unethical for the Sake of the Group: Risk of Social Exclusion and Progroup Unethical Behavior [J]. Journal of Applied Psychology, 2015, 100 (1): 98-113.

[232] Thompson D. V., Norton M. I. The Social Utility of Feature Creep [J]. Journal of Marketing Research, 2011, 48 (3): 555-565.

[233] Townsend C., Sood S. Self-affirmation Through the Choice of Highly Aesthetic Products [J]. Journal of Consumer Research, 2012, 39 (2): 415-428.

[234] Troisi J. D., Gabriel S. Chicken Soup Really is Good for the Soul "Comfort Food" Fulfills the Need to Belong [J]. Psychological Science, 2011, 22 (6): 747-753.

[235] Tropp L. R., Wright S. C. Ingroup Identification as the Inclusion of Ingroup in the Self [J]. Personality and Social Psychology Bulletin, 2001, 27 (5): 585-600.

[236] Twenge J. M., Baumeister R. F., DeWall C. N., et al. Social Exclusion Decreases Prosocial Behavior [J]. Journal of Personality and Social Psychology, 2007, 92 (1): 56-66.

[237] Twenge J. M., Baumeister R. F., Tice D. M., et al. If You Can't Join Them, Beat Them: Effects of Social Exclusion on Aggressive Behavior [J]. Journal of Personality and Social Psychology, 2001, 81 (6): 1058-1069.

[238] Twenge J. M., Catanese K. R., Baumeister R. F. Social Exclusion and the Deconstructed State: Time Perception, Meaninglessness, Lethargy, Lack of Emotion, and Self-awareness [J]. Journal of Personality and Social Psychology, 2003, 85 (3): 409-423.

[239] Veblen T. The Theory of the Leisure Class [M]. New York: Dover, 1994 (Original Work Published in 1899).

[240] Verkuyten M., Yildiz A. A. National (dis) Identification and Ethnic and Religious Identity: A Study Among Turkish-Dutch Muslims [J]. Personality and Social Psychology Bulletin, 2007, 33 (10): 1448-1462.

[241] Wan E. W., Xu J., Ding Y. To Be or Not to Be Unique? The Effect of Social Exclusion on Consumer Choice [J]. Journal of Consumer Research, 2014, 40 (6): 1109-1122.

[242] Wang Y., Griskevicious V. Conspicuous Consumption, Relationships, and Rivals: Women's Luxury Products as Signals to Other Women [J]. Journal of Consumer Research, 2014, 40 (5): 834-854.

[243] Warburton W. A., Williams K. D., Cairns D. R. When Ostracism Leads to Aggression: The Moderating Effects of Control Deprivation [J]. Journal of

Experimental Social Psychology, 2006, 42 (2): 213-220.

[244] Ward A., Atkins D. C., Lepper M. R., et al. Affirming the Self to Promote Agreement with Another: Lowering A Psychological Barrier to Conflict Resolution [J]. Personality and Social Psychology Bulletin, 2011, 37 (9): 1216-1228.

[245] Ward M. K., Dahl D. W. Should the Devil Sell Prada? Retail Rejection Increases Aspiring Consumers' Desire for the Brand [J]. Journal of Consumer Research, 2014, 41 (3): 590-609.

[246] Watson D., Clark L. A., Tellegen A. Development and Validation of Brief Measuresof Positive and Negative Affect: The PANAS Scales [J]. Journal of Personality and Social Psychology, 1988, 54 (6): 1063-1070.

[247] White K. and Dahl D. Are All Outgroups Created Equal? Consumer Identity and Dissociative Influence [J]. Journal of Consumer Research, 2007, 34 (4): 525-536.

[248] White K., Dahl D. To Be or not Be? The Influence of Dissociative Reference Groups on Consumer Preferences [J]. Journal of Consumer Psychology, 2006, 16 (4): 404-414.

[249] White K., Argo J. J., Sengupta J. Dissociative Versus Associative Responses to Social Identity Threat: The Role of Consumer Self-construal [J]. Journal of Consumer Research, 2012, 39 (4): 704-719.

[250] White K., Argo J. J. Social Identity Threat and Consumer Preferences [J]. Journal of Consumer Psychology, 2009, 19 (3): 313-325.

[251] Wilcox K., Kim H. M., Sen S. Why do Consumers Buy Counterfeit Luxury Brands? [J]. Journal of Marketing Research, 2009, 46 (2): 247-259.

[252] Wilkowski B. M., Robinson M. D., Friesen C. K. Gaze-triggered Orienting as a Tool of the Belongingness Self-regulation System [J]. Psychological Science, 2009, 20 (4): 495-501.

[253] Williams D. R., Neighbors H. W., Jackson J. S. Racial/Ethnic Discrimination and Health: Findings from Community Studies [J]. American Jour-

nal of Public Health, 2003, 93 (2): 200-208.

[254] Williams K. D., Case T. I., Govan C. L. Impact of Ostracism on Social Judgments and Decisions: Explicit and Implicit Responses [A]. In J. P. Forgas, K. D. Williams, W. von Hippel (Eds.), Social Judgments: Implicit and Explicit Processes [C]. New York: Cambridge University Press, 2003: 325-342.

[255] Williams K. D., Cheung C. K. T., Choi W. Cyberostracism: Effects of being Ignored over the Internet [J]. Journal of Personality and Social Psychology, 2000, 79 (5): 748-762.

[256] Williams K. D., Govan C. L., Croker V., et al. Investigations into Differences between Social-and Cyberostracism [J]. Group Dynamics: Theory, Research, and Practice, 2002, 6 (1): 65-77.

[257] Williams K. D., Shore W. J., Grahe J. E. The Silent Treatment: Perceptions of its Behaviors and Associated Feelings [J]. Group Processes & Intergroup Relations, 1998, 1 (2): 117-141.

[258] Williams K. D., Sommer K. L. Social Ostracism by Coworkers: Does Rejection Lead to Loafing or Compensation? [J]. Personality and Social Psychology Bulletin, 1997, 23 (7): 693-706.

[259] Williams K. D. Ostracism [J]. Annual Review of Psychology, 2007, 58 (1): 425-452.

[260] Williams K. D. Ostracism: The Power of Silence [M]. New York: Guilford Press, 2001.

[261] Williams K. D. Social Ostracism [A]. In R. M. Kowalski (Ed.), Aversive Interpersonal Behaviors: The Plenum Series in Social/clinical Psychology [C]. New York: Plenum Press, 1997: 133-170.

[262] Wilson E. Economy Adjusts Store Relations on Madison Avenue [EB/OL]. New York Times, http://www.nytimes.com/2009/02/18/style/18iht-18shopping.20274101.html?_ r=1, 2009-02.

[263] Wilson T. D., Lindsey S., Schooler T. Y. A model of Dual Attitudes [J]. Psychological Review, 2000, 107 (1): 101-126.

[264] Wong N. Y. C. Suppose You Own the World and no one Knows? Conspicuous Consumption, Materialism and Self [J]. Advances in Consumer Research, 1997 (24): 197-203.

[265] Yorkston E. A., Nunes J. C., Matta S. The Malleable Brand: The Role of Implicit Theories in Evaluating Brand Extensions [J]. Journal of Marketing, 2010, 74 (1): 80-93.

[266] Yzerbyt V. Y., Judd C. M., Corneille O. Perceived Variability, Entitativity, and Essentialism: Introduction and Overview [A]. In V. Yzerbyt, C. M. Judd, O. Corneille (Eds.), The Psychology of Group Perception: Perceived Variability, Entitativity, and Essentialism [C]. New York: Psychology Press, 2004: 101-124.

[267] Yzerbyt V., Castano E., Leyens J-P, et al. The Primacy of the Ingroup: The Interplay of Entitativity and Identification [J]. European Review of Social Psychology, 2000, 11 (1): 257-295.

[268] Yzerbyt V., Corneille O., Estrada C. The Interplay of Subjective Essentialism and Entitativity in the Formation of Stereotypes [J]. Personality and Social Psychology Review, 2001, 5 (2): 141-155.

[269] Yzerbyt V., Rocher S., Schadron G. Stereotypes as Explanations: A Subjective Essentialistic View of Group Perception [A]. In R. Spears, P. J. Oakes, N. Ellemers, et al. (Eds.), The Social Psychology of Stereotyping and Group Life [C]. Malden: Blackwell Publishing, 1997: 20-50.

[270] Zadro L., Williams K. D., Richardson R. Riding the "O" train: Comparing the Effects of Ostracism and Verbal Dispute on Targets and Sources [J]. Group Processes & Intergroup Relations, 2005, 8 (2): 125-143.

[271] Zahavi A. Mate Selection: A Selection for a Handicap [J]. Journal of Theoretical Biology, 1975, 53 (1): 205-214.

[272] Zaltman G., Wallendorf M. Consumer Behavior: Basic Findings and Management Implications [M]. New York: John Wiley & Sons, Inc., 1979.

[273] 蔡强，吴寅，刘金婷．社会排斥及其神经机制 [J]．心理研究，

2011，4（5）：3-9.

［274］曾群，魏雁滨．失业与社会排斥：一个分析框架［J］．社会学研究，2004（3）：11-20.

［275］丁开杰．西方社会排斥理论：四个基本问题［J］．国外理论动态，2009（10）：36-41.

［276］杜建政，夏冰丽．心理学视野中的社会排斥［J］．心理科学进展，2008，16（6）：981-986.

［277］黄佳豪．西方社会排斥理论研究述略［J］．理论与现代化，2008（6）：97-103.

［278］卢丽，范秀成，郑玉香等．炫耀性消费的营销理论［J］．经济管理，2006（15）：54-56.

［279］杨晓莉，刘力，李琼等．社会群体的实体性：回顾与展望［J］．心理科学进展，2012，20（8）：1314-1321.

［280］袁少锋．地位与炫耀性消费倾向：自尊的中介效应［D］．辽宁大学博士学位论文，2011.

［281］张嘉玮，罗晓红．青少年自我肯定性的发展及转换的印象知觉对其影响的研究［J］．心理科学，1993，16（5）：285-290.

附　录

第三章　实验设计

实验一：品牌标志偏好

1. 社会排斥

（1）受到排斥：请回忆并写下一段你受到他人排斥的经历（如受到朋友、同学或工作申请、学校申请遭到拒绝等），请尽量仔细地回忆这段经历，并用一到两句话写下你此刻的感受。

（2）未受到排斥：请回忆并写下一段你没有受到排斥的经历（如参加学生社团或兴趣小组的申请被接受等），请尽量仔细地回忆这段经历，并用一到两句话写下你此刻的感受。

（3）检验：

①根据你刚才所回忆的情境，请对下列说法表明你的同意程度。（1=完全没有感受到，7=感受十分明显）

我觉得被排斥了　　　　我觉得被忽视了

②请阅读下列一系列描述心情状态的词语，每一词语都有不同符合程

度的表述，请根据你刚才所回忆的情境，选择出最符合你目前心情状态的一项。(1=非常不符合，5=非常符合)

热情的	急躁的	悲痛的	警觉的	激动的
惭愧的	心烦的	有灵感的	坚强的	紧张的
内疚的	坚决的	害怕的	专注的	怀有敌意的
不安的	感兴趣的	积极的	骄傲的	担心的

2. 内隐自我

请仔细阅读以下文字，并且在能够体现出作者重要观点的词句上做出标记。

(1) 实体论：去年 8 月在华盛顿举办的美国心理学协会年会中，George Medin 博士强调“到了 10 岁的时候，我们大多数人的性格已经形成，并且不太可能有所变化”。他列举了大量的研究例证，研究表明，虽然随着年龄的增加，人们逐渐成熟和成长，但是这些成熟与成长却为人们提供了持久的性格形成基础。

在一些心理学家看来，人的性格基本上是一生稳定的。人与人之间的思维方式、情感、行为方式虽有所不同，但这些独特的思维方式、情感和行为方式的稳定模式就是一个人的人体系特质。决定一个人行为的真正因素正是这些稳定不变的特质，而环境的影响微不足道。人格特质从一个人成年开始会持续 45 年或更久，基本保持不变。

(2) 渐变论：去年 8 月在华盛顿举办的美国心理学协会年会中，George Medin 博士强调“没有人的性格像石头一样不会改变，只有少部分的人需要付出很大的努力和决心才能加以改变”。他列举了大量的研究例证，研究表明，人的性格会随着年龄的增长而发生改变。他指出，人的性格在 60 岁的时候也可以改变。

在一些心理学家看来，人的性格是可以改变的。美国加州大学伯克利分校的心理学教授最近调查了 13 万年龄介于 21~60 岁的美国人和加拿大人，研究发现，一个人的特质并不是自 30 岁以后就不再变化，而是一生都在变化。

（3）检验：

①阅读以上文字后，请对上述文字所表达的观点做出评价。

非常不可信	1	2	3	4	5	6	7	非常可信
非常没有说服力	1	2	3	4	5	6	7	非常有说服力
非常没用	1	2	3	4	5	6	7	非常有用
非常不清楚	1	2	3	4	5	6	7	非常清楚
非常不容易理解	1	2	3	4	5	6	7	非常容易理解

②请对以下问题做一个简单的百分比预测。

a. 平均来讲，小张比小李更乐于助人，那么在某一特定情况下，小张比小李更乐于助人的概率有多大？__________%

b. 平均来讲，小张比小李更有进取心，那么在某一特定情况下，小张比小李更有进取心的概率有多大？__________%

c. 平均来讲，小张比小李更健谈，那么在某一特定情况下，小张比小李更健谈的概率有多大？__________%

d. 平均来讲，小张比小李更不诚实，那么在某一特定情况下，小张比小李更不诚实的概率有多大？__________%

e. 平均来讲，小张比小李更害羞，那么在某一特定情况下，小张比小李更害羞的概率有多大？__________%

实验二：品牌产品偏好或选择

1. 社会排斥

请想象以下情境：当浏览社交网站（人人网、QQ 空间、开心网、BBS 等）时，你发现了几个很具吸引力的人，经过仔细考虑后，你选择了三个人，并分别向这三个人提交了一份描述你个人相关信息的资料，请求加为好友。几天之后，你收到了他/她们的回复。

（1）受到排斥：三个人回复的结果大致都表明，他/她们没有接受你的请求，也就是他/她们拒绝你成为他/她们的好友。想象一下，如果你就是这一情境的主人公，即你就是发出请求的那个人，当经历过故事中的情境后，请用一到两句话描述一下你的感受。请将这种感受写在下面的空白处。

（2）未受到排斥：三个人回复的结果大致都表明，他/她们都通过了你的请求，也就是他/她们准许你成为他/她们的好友。想象一下，如果你就是这一情境中的主人公，即你就是发出请求的那个人，当经历过故事中的情境后，请用一到两句话描述一下你的感受。请将这种感受写在下面的空白处。

（3）检验：

①根据你刚才所回忆的情境，请对下列说法表明你的同意程度。（1=非常不同意，7=非常同意）

我觉得被排斥了　　我觉得被冷落了　　我觉得被忽视了

②根据你刚才所回忆的情境，请对下列说法表明你的同意程度。（1=非常不同意，7=非常同意）

令人愉快的　　感觉糟糕的　　感觉友好的　　感觉冷漠的

令人生气的　　令人愉悦的　　感觉开心的　　感觉悲伤的

2. 内隐自我

对于以下说法，请表明你的同意程度。（1=非常不同意，7=非常同意）

①人们并不能够真正做些什么去改变他们是怎样的人。

②即使人们可以做不同的事情，但他们是谁这一核心本质并不能真正被改变。

③尽管我不愿意承认，但是人们不能真正改变自己最深层的品质。

④人们是怎样的人这一核心本质，并不能被改变。

3. 产品偏好或选择

（1）NIKE 是全球著名的体育运动品牌，公司总部位于美国俄勒冈州，其生产的体育用品包括服装、鞋类、运动器材等。NIKE 的商标图案是个小钩子，象征着希腊胜利女神翅膀的羽毛，代表着速度，同时也代表着动感和轻柔。耐克公司强调锐意进取与不断开拓，一直将激励全世界的每一位运动员并为其献上最好的产品视为光荣的任务。

NIKE 公司正准备推出一款新的有设计感的时尚运动休闲帽，如下图所示，但是在正式推出之前，公司想要先测试一下大学生对这一款休闲帽的反应。这款休闲帽有两个版本进行先期的市场测试，请仔细观看两幅图片，你更倾向有怎样的购买意向。（1＝肯定是左边小品牌标志的，9＝肯定是右边大品牌标志的）

对你更有吸引力　　愿意花费更多费用去购买　　更吸引你的注意力

资料来源：Lee 和 Shrum（2012）实验四。

（2）Acromorel 是全球著名的体育运动品牌，公司总部位于美国马里兰州，其所推出的基本是当季最为时尚亮丽的球衣或时尚休闲服装。Acromorel 的商标图案是其名称的变体。Acromorel 始终以坚持与顾客享受

Acromorel 的运动精神和生活主张为出发点，让顾客喜欢运动休闲的生活方式，工作激情饱满，时刻传递健康运动精神。

Acromorel 公司正准备推出一款新的有设计感的运动 T 恤，如下图所示，但在正式推出之前，公司想要先测试一下大学生对这一新款运动 T 恤的反应。这款 T 恤有两个版本进行先期的市场测试，请仔细观看两幅图片，如果让你购买，你会选择哪一个？

①左边有品牌标志的　　　　②右边没有品牌标志的

资料来源：Lee 和 Shrum（2012）实验三。

（3）请问你对 NIKE 与 Acromorel 两个品牌的熟悉度。（1=非常不熟悉，7=非常熟悉）

①NIKE　　　　②Acromorel

第四章　研究设计

研究一：社会排斥与群体实体性的交互作用

1. 群体实体性

请仔细阅读下面的文字说明，并回答问题。

（1）高实体性：在大学期间，你交了很多朋友，请回忆一下你与这些朋友有哪些共同的特征？请在下列空白处列举出这些共同特征（至少5个），并回答以下问题。（共同特征包括彼此在兴趣爱好、性格特征、生活习惯、为人处世、经历、理想、所追求目标等方面的一致性或相似性）

（2）低实体性：在大学期间，你交了很多朋友，请回忆一下你与这些朋友有哪些不同的特征？请在下列空白处列举出这些不同的特征（至少5个），并回答以下问题。（不同特征包括彼此在兴趣爱好、性格特征、生活习惯、为人处世、经历、理想、所追求目标等方面所存在的差异性）

（3）检验：

根据你刚才所回忆的情景，请表明你对这个与朋友所构成的群体的看法。（1=完全没有，7=非常强）

朋友间的凝聚力　　朋友间的目标与理想的一致性　　朋友间的群体对新成员的接受度

2. 社会排斥

（1）受到排斥：继续想象以下情景，某一天这些朋友们突然不再与你联系，有什么活动他们也不通知你，你主动联系他们，也没有得到回复，请用一到两句话在下面的空白处表明你的感受。

（2）未受到排斥：继续想象你受到朋友的邀请，和他们一起参加某项活动的情景，请用一到两句话在下面的空白处表明你的感受。

（3）检验：同第三章实验二。

研究二：想要与群体保持的关系程度的中介作用

1. 社会排斥风险测量

请回忆一个群体（多个人的工作小组/社团/兴趣爱好相同的俱乐部等），你或多或少与这个群体有一定联系，请对以下表述表明你的看法。(1=完全不同意，7=非常同意)

①有时我觉得群体里的成员可能会忽略我。

②我觉得群体里的成员可能不会邀请我共进午餐。

③我想知道群体里的成员是否想要回避我。

④我怀疑我可能被群体里的成员拒之门外。

⑤我认为我很可能被群体里的成员忽略了。

⑥我觉得出去喝咖啡休息时，群体里的成员可能不会邀请我或者问我是否想要一些东西。

2. 群体实体性测量

请表明你对所回忆的群体的看法。(1=完全没有，7=非常强)

①这个群体的凝聚力。

②这个群体的目标分享度。

③这个群体接受新成员的难度。

3. 想要与群体保持的关系

请仔细浏览以下7幅图片（左边的圆圈代表自己，右边的圆圈代表所在群体的成员），请问：以下哪种关系的描述最能够表现你现在想要与这个群体保持的关系类型。图片（　　）

（1）图片1

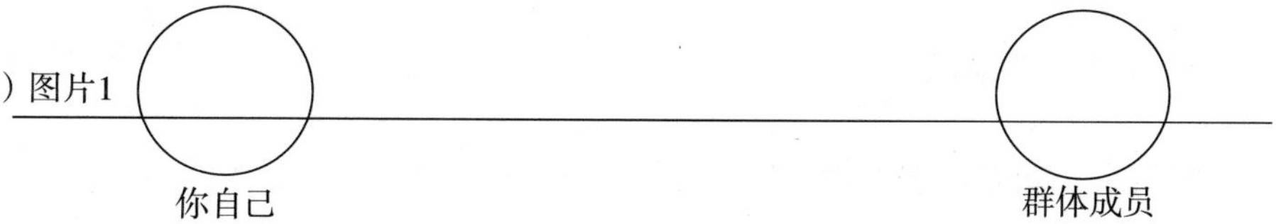

（2）图片2

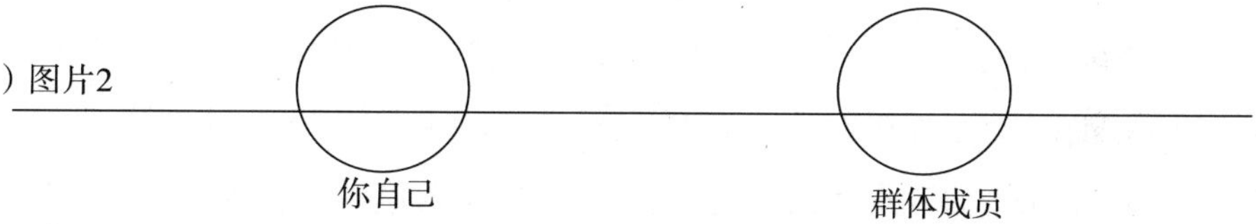

（3）图片3

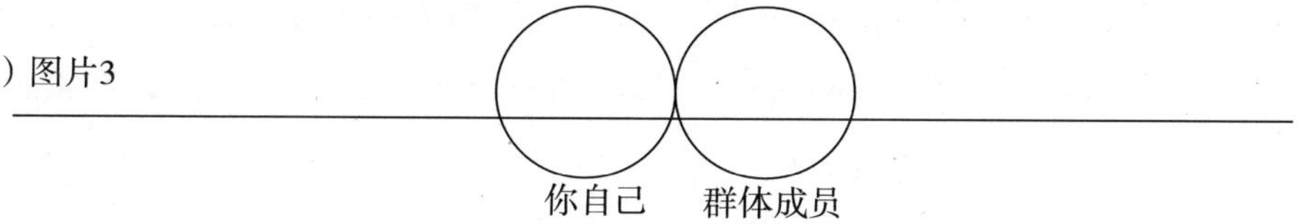

（4）图片4

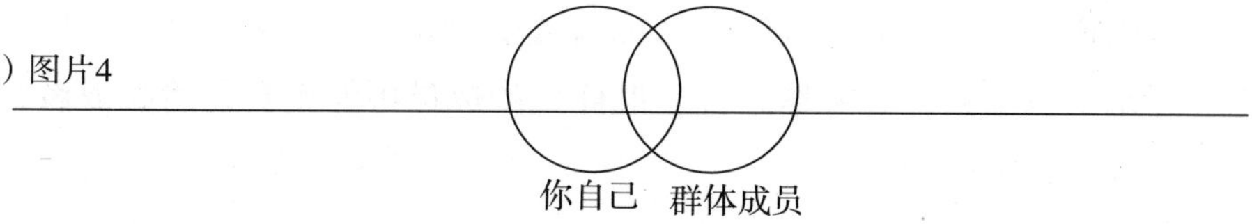

（5）图片5

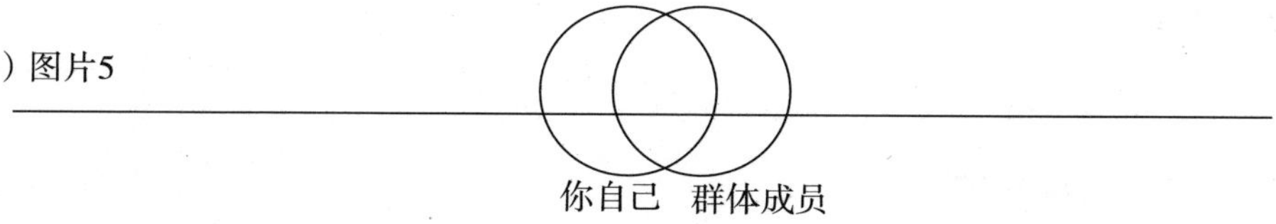

（6）图片6

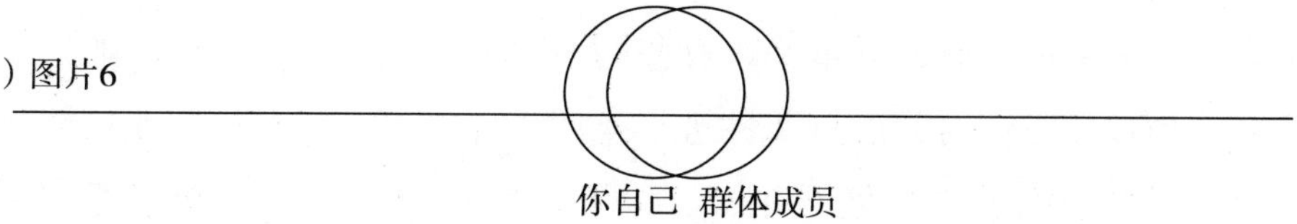

（7）图片7

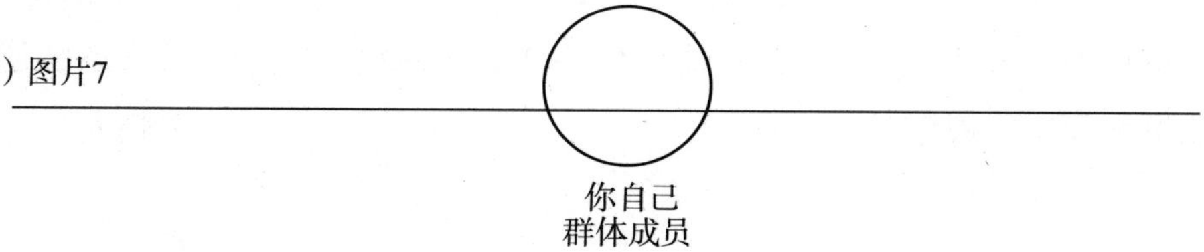

第五章 实验设计

实验一：自我肯定与内隐自我

1. 社会排斥：同第三章实验二

2. 内隐自我

请仔细阅读下列材料，并回答问题。

（1）实体论：科学家们经过多年严谨的研究一致认为，人们具备一系列有限而固定的能力，这些能力能够决定他们的成就和成功水平。他们指出，大多数人在10岁的时候性格就已经形成，并且形成后的性格像石膏一样不会再次被软化或改变。

（2）渐变论：科学家们经过多年严谨的研究一致认为，人们具备一系列有限而动态的能力，这些能力可以被培养和发展，从而促进人们成就和成功水平的提升。他们指出，获取成就的过程中，没有人的能力像岩石一样坚硬并且不可改变。

（3）检验：同第三章实验一。

3. 自我肯定

（1）自我肯定：

①右边是一系列描述人的品质与价值观的词语，对你来说，有些很重要，有些则不那么重要。请按照它们对你的重要性进行排序，并将序号写在前面的空白处，并回答以下问题。（“1”表示最重要的项目，“8”表示最不重要的项目）（注意：每个数字只能使用一次，不能出现并列的现象）

________ 创造力
________ 幽默感
________ 适应能力
________ 职业技能
________ 外表吸引力
________ 运动能力
________ 艺术欣赏能力
________ 爱情观

②请问右边的 8 个描述中，哪一项对你最重要？（也就是右边排名第一的那一项）

③为什么认为这一项对你来说最重要？请举例说明这一项在你的生活中对你来说最重要。（请尽可能多地列出原因和例子）

（2）未得到自我肯定的控制组。

请在下面的空白处列出你在最近两天内吃了哪些食物或者喝了哪些饮料。

4. 炫耀性产品选择

请阅读以下材料并做出选择。

随着电子商务的发展，DIY 的 T 恤、设计师设计 T 恤等开始在网络上热起来，除了可以自己将图片发给 T 恤设计网店，还可以直接选择网店中已有的一些设计。想象一下，学校目前正好要举行一次运动会，你准备穿一款出自网店设计的 T 恤出现在同学面前。在浏览时，你看到了三款 T 恤，这三款 T 恤上所设计的图案都是你喜欢的，根据之前网店的浏览与销售记录，可以看到三款 T 恤的销售量：44%的选择了 A 款式，15%的选择了 B 款式，41%的选择了 C 款式。请问：对于 A、B、C 三款 T 恤，你会选择哪款参加学校即将举行的校运会？

①A 款　　②B 款　　③C 款

实验二：群体肯定与群体实体性

1. 群体实体性：同第四章研究一

2. 社会排斥

（1）受到排斥：请回忆一下你与朋友相处的经历，在与朋友的交往中你感受到了朋友对你的拒绝或排斥（如未被朋友邀请参与某项活动或邀请朋友参加某项活动时遭到了拒绝等），请大致写下回忆内容并表明目前的心理感受。

（2）未受到排斥的控制组：请回忆一下最近一段时间的生活及学习状态，包括最近几天做了哪些事情，并在下周有何打算等，请大致写下回忆内容并表明目前的心理感受。

（3）检验：同第三章实验二。

3. 群体肯定

（1）群体肯定：请列举出你回忆的朋友群体有哪些重要的价值观，其中最重要的价值观是哪一项，为什么认为这一项最重要？请举例说明朋友群体中该项价值观最重要。（请尽可能多地列出原因和例子）

（2）未得到群体肯定的控制组：未予以任何任务，直接进入因变量的测量。

后　记

本书的完成，首先要感谢我的导师余明阳教授，余老师不仅和蔼可亲，而且知识渊博、治学严谨，尤其是讲课时的风趣幽默更是我今后努力学习的典范。另外还要感谢师母薛可教授，薛老师对学术的态度一丝不苟，每期学术讨论会都准时出席，并且在讨论会上为我们的研究提出很好的改进意见，给我们的论文写作提供了很多帮助。不仅如此，薛老师还为我们提供了很多生活方面的帮助。

本书受上海工程技术大学学术著作出版专项资助。感谢学校为教师提供了良好的平台，鼓励青年教师积极开展科研活动，管理学院和工商管理系的领导和同事也十分关心本书的进展，提出了不少真知灼见，使我能够全神贯注，顺利完成书稿。此外，还要感谢上海交通大学的陈洁教授、陈继祥教授、任荣明教授等对本书的完成给予的指导与帮助。最后，感谢香港大学的 Echo Wen Wan 教授，她对社会排斥相关领域研究的讲解使我受到了启发，最终使本书得以完成。

刘尊礼

2019 年 12 月

上海工程技术大学